混声合唱とピアノのための

こころの色

谷川俊太郎 作詩

石若雅弥 作曲

カワイ出版

「こころの色」（女声合唱版）の初演から２年。＜石若雅弥作品展2009～Ensemble Daffodilによる～＞のために、この混声版を書き下ろしました。演奏は女声版と同じ「Ensemble Daffodil」さんですが、男声も加わって混声合唱として演奏していただきました。

そもそも「後々に混声でも演奏できるように」と詩を選んで作曲していたこともあり、自然に作ることができました。また、演奏を聴いてもよりいっそうの効果を感じていただけるのではないかと思います。

お陰様で女声版はたくさんの皆様に演奏していただいており、自分自身も作曲家としてこの作品が色々な意味でポイントになったような気がします。今回の混声版もまた前作とは違った形で皆様のこころへ届き、新たな出会いのきっかけになることを期待しております。

2009年8月
石若雅弥

初　演　2009年9月21日　いずみホール
＜石若雅弥作品展2009～Ensemble Daffodilによる～＞
指　揮　寺尾　正
ピアノ　槇原聡子
合　唱　Ensemble Daffodil

混声合唱とピアノのための

こころの色

●全曲の演奏時間＝約16分45秒

＜CD（女声合唱版）＞
こころの色　石若雅弥　女声合唱作品集
Giovanni Record
品番　GVCS-10804
（初演のライブ録音）

I こころの色

谷川俊太郎 作詩
石 若 雅 弥 作曲

15
Soprano
mp
B
poco cresc.
mf
ー あなた が なに を かん がえ てき た
Alto
mp
poco cresc.
mf
ー あなた が なに を かん がえ てき た
Tenor
mp
poco cresc.
mf
ー あなたが なにを かん がえ てー
Bass
mp
poco cresc.
mf
ー あなたが な に を かん がえ てー
B
mp
19
mp cresc.
mf
か それ が いま の あなた
mp cresc.
mf
かー それ が それ が い ま の あなた
mp cresc.
mf
き た か それ が いまの あなた
mp cresc.
mf
き た か そ れ が い ま の あなた
8va

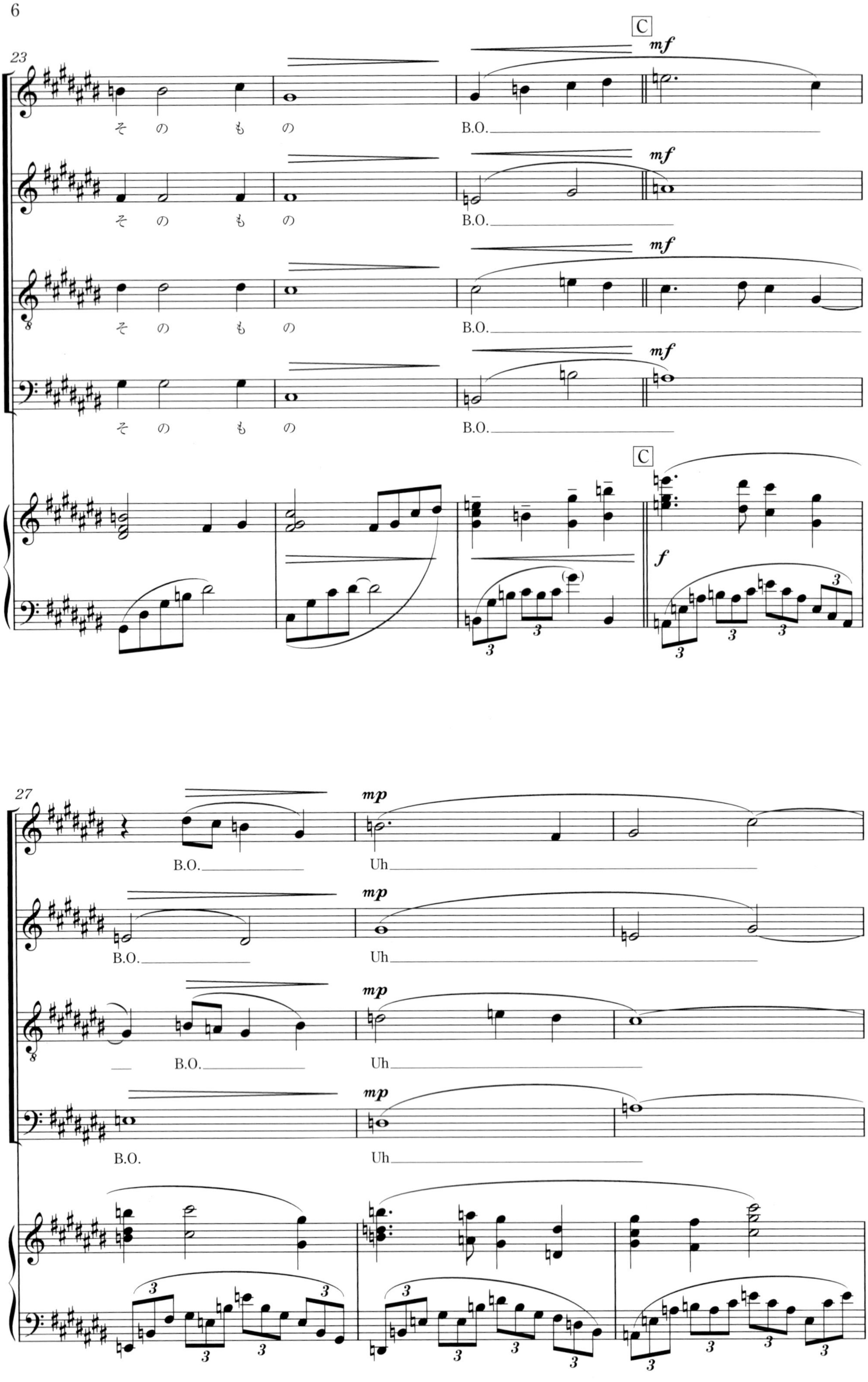
23
C
mf
その の も の
B.O.
Uh
27
mp
f
3

30
poco rit.
a tempo
mf
せ か い
せ か い
a tempo
poco rit.
sub. mp
33
D
p
Uh
Uh
p
Uh
Uh
は ーみんなの こころ できま
は ーみんなの こころ できま
D
mp

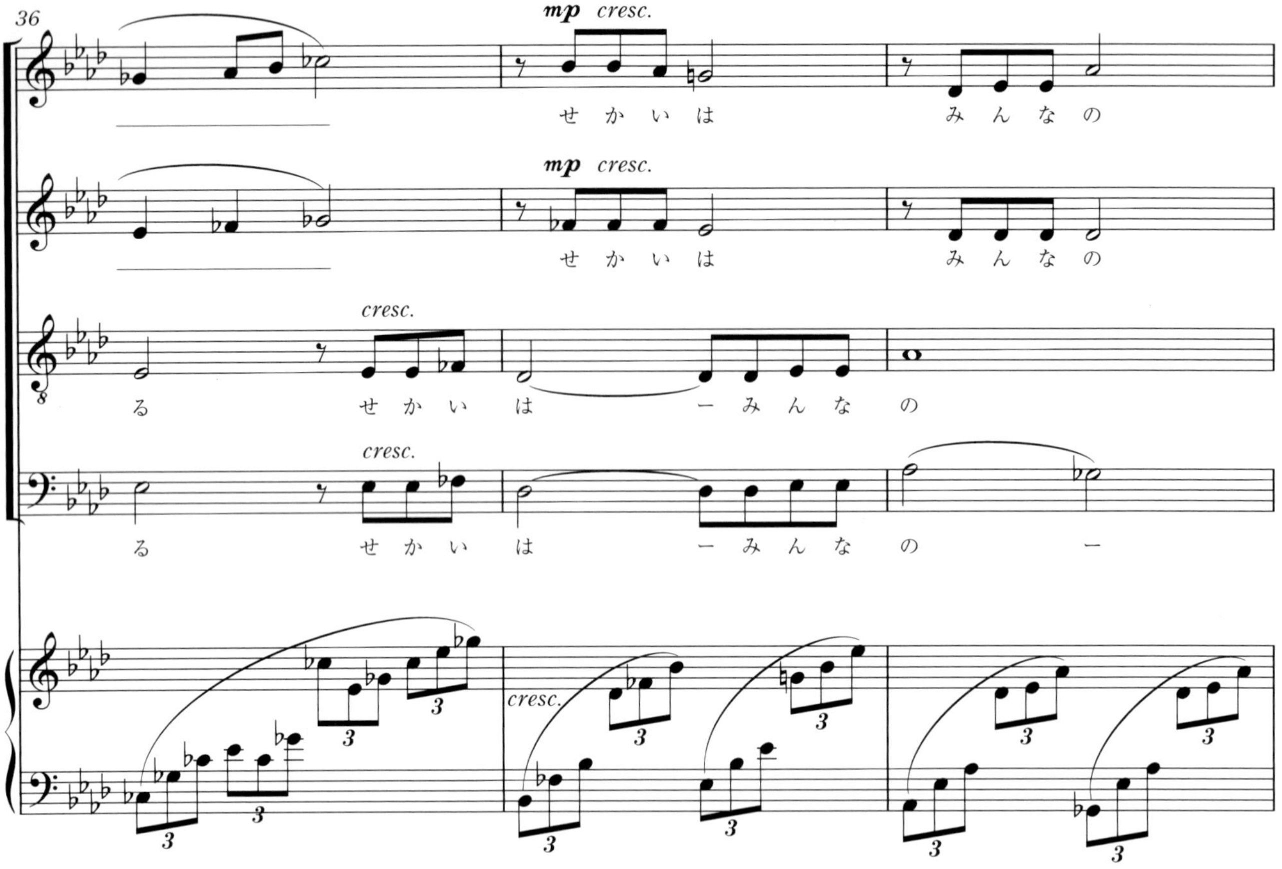
36
mp cresc.
せかいは　みんなの
mp cresc.
せかいは　みんなの
cresc.
る　せかいは　ーみんなの
cresc.
る　せかいは　ーみんなの　ー
cresc.

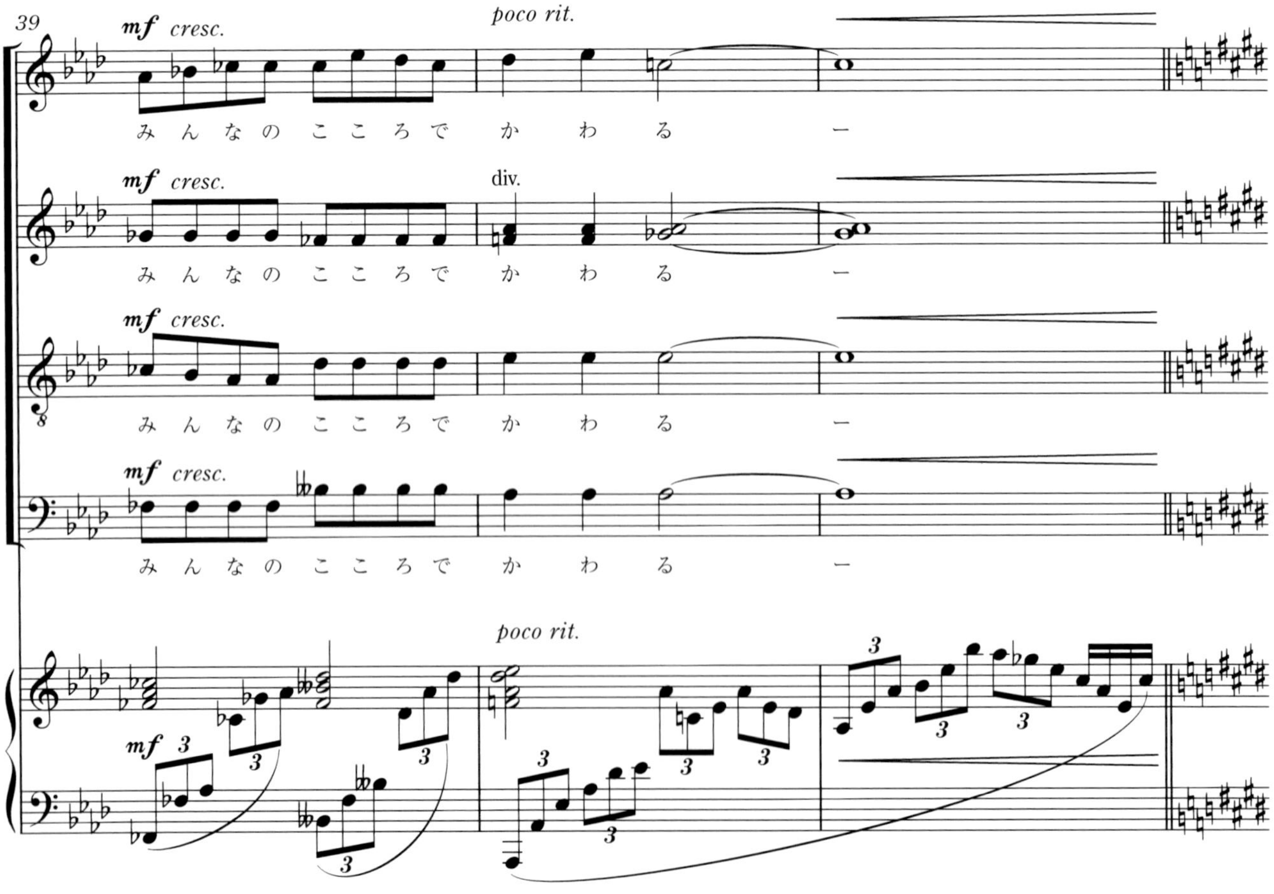
39
mf cresc.
poco rit.
みんなのこころで　かわる　ー
mf cresc.
div.
みんなのこころで　かわる　ー
mf cresc.
みんなのこころで　かわる　ー
mf cresc.
みんなのこころで　かわる　ー
poco rit.
mf

E
Poco meno mosso (♩=70)
42
mf
あかんぼうの ころははくし
unis.
fp
mf
Uh あかんぼうの こころははく
fp
mf
Uh あかんぼうの こころははく
fp
mf
Uh こころは は く
E
Poco meno mosso (♩=70)
fp
46
accel.
mp cresc.
おおきくなると おおきくなると いろにそま
mp cresc.
mf
し おおきくなると いろにそま
mf
し いろにそま
mp cresc.
mf
し おおきくなる
accel.
mp cresc.
mf

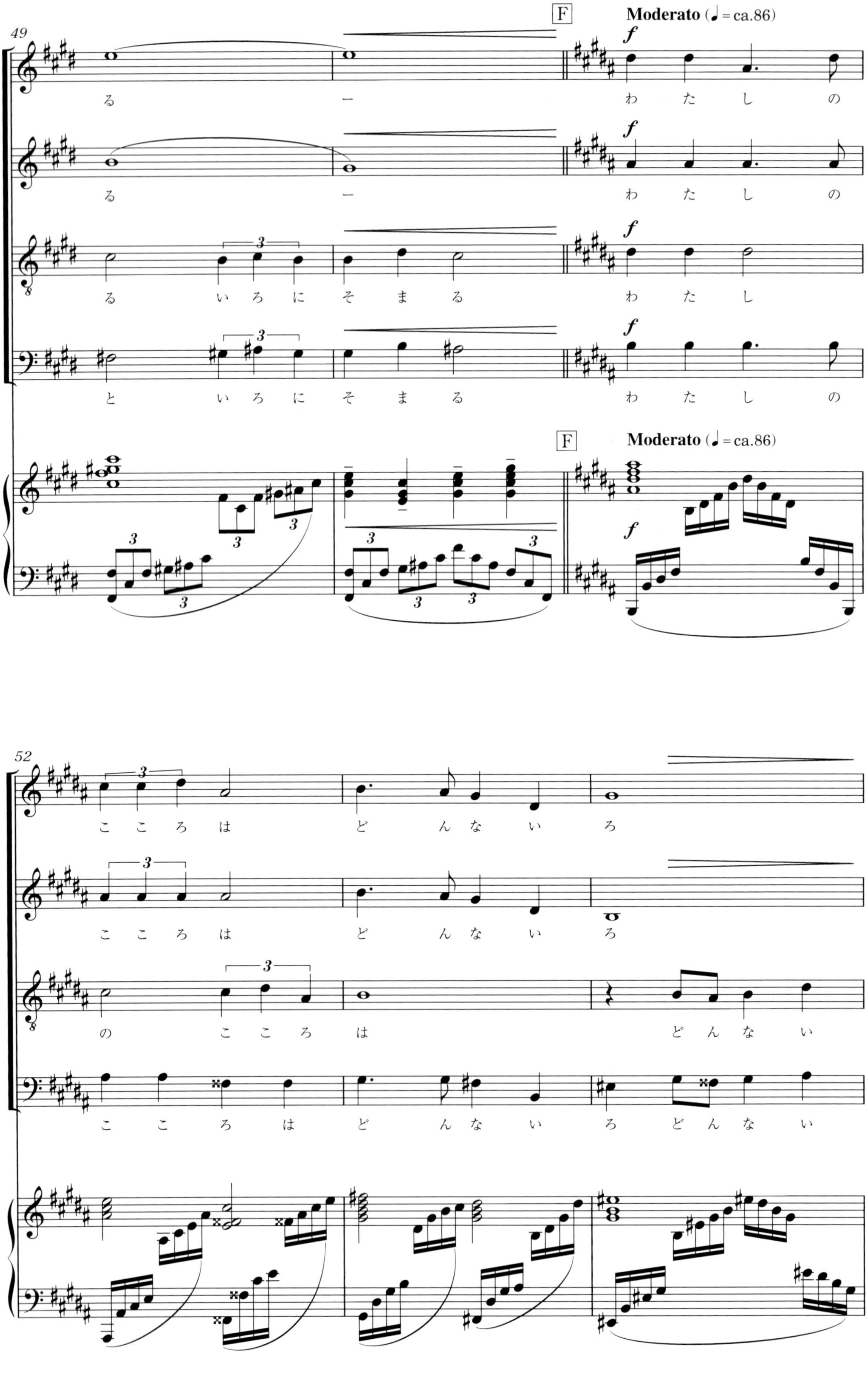
49
F
Moderato (♩ = ca.86)
f
る ー わ た し の
f
る ー わ た し の
f
る い ろ に そ ま る わ た し
f
と い ろ に そ ま る わ た し の
F
Moderato (♩ = ca.86)
f
52
こ こ ろ は ど ん な い ろ
こ こ ろ は ど ん な い ろ
の こ こ ろ は ど ん な い
こ こ ろ は ど ん な い ろ ど ん な い

55
mf cresc.
きれいないろにこころをそめた
mf cresc.
きれいないろにこころをそめた
mf cresc.
ろいろにこころをそめた
mf cresc.
ろーいろにこころをそめた
mf cresc.
3
58
f cresc.
いきれいないろなら
f cresc.
いきれいないろなら
f cresc.
いきれいないろなら
f cresc.
いきれいないろなら
f cresc.
3

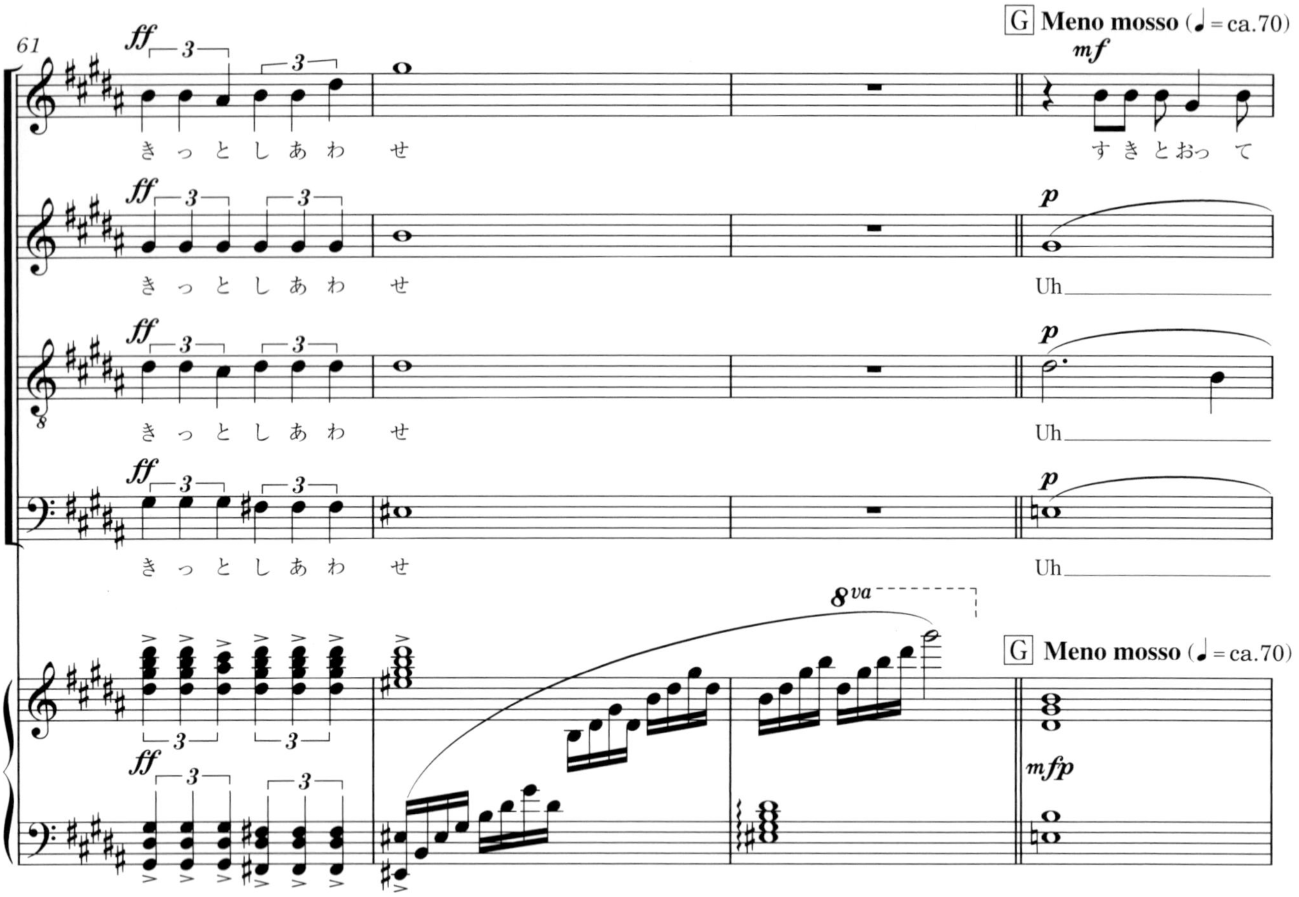
61
G Meno mosso (♩ = ca.70)
ff
mf
き っ と し あ わ せ
す き と おっ て
p
き っ と し あ わ せ
Uh
き っ と し あ わ せ
Uh
き っ と し あ わ せ
Uh
8va
G Meno mosso (♩ = ca.70)
mfp

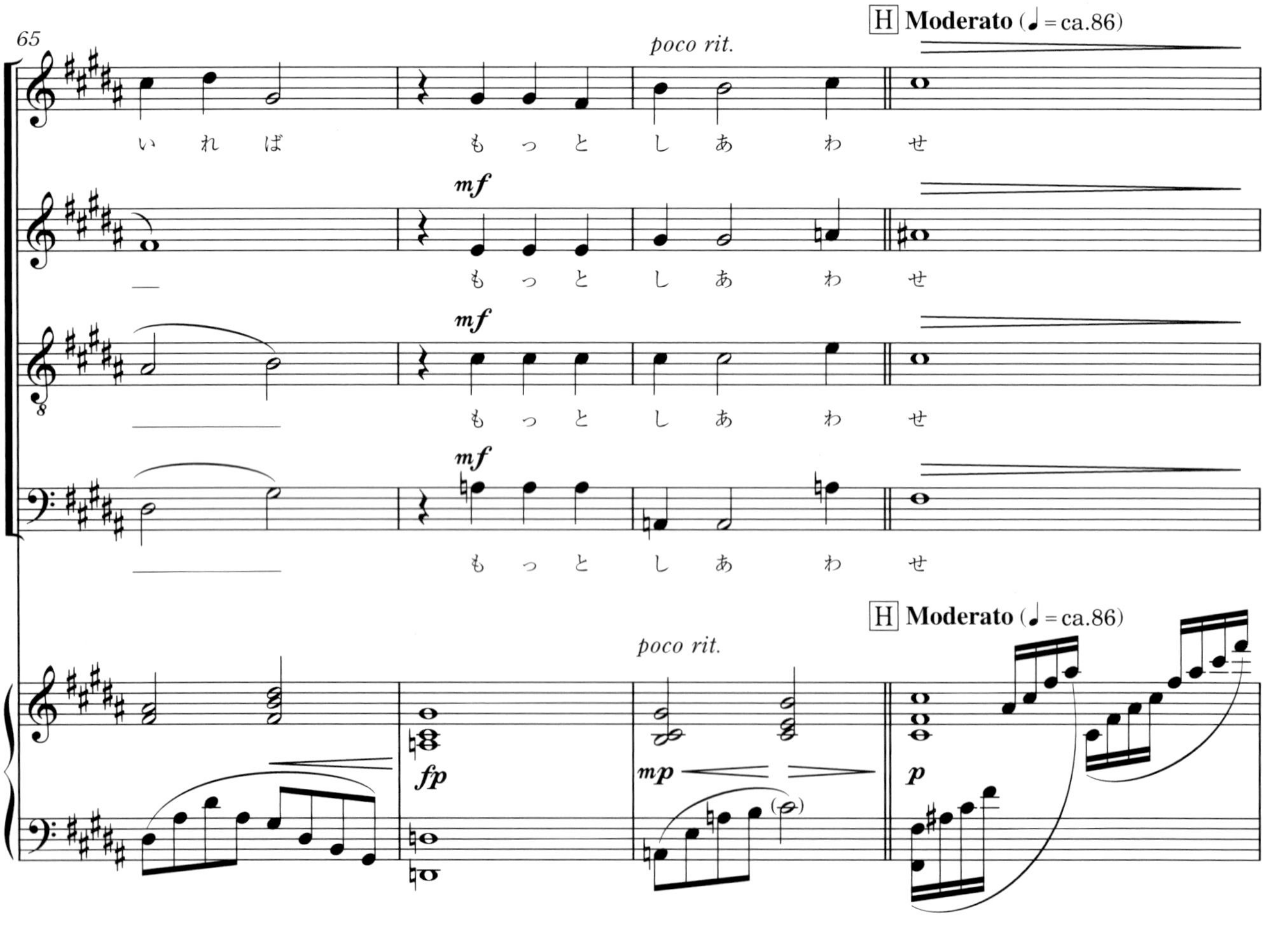
65
H Moderato (♩ = ca.86)
poco rit.
い れ ば
も っ と し あ わ せ
mf
も っ と し あ わ せ
mf
も っ と し あ わ せ
mf
も っ と し あ わ せ
H Moderato (♩ = ca.86)
poco rit.
fp
mp
p

69
mp
B.O.
mp
B.O.
mp
B.O.
mp
B.O.
72
poco rit.
pp
Uh
pp
Uh
pp
Uh
div.
pp
Uh
poco rit.
8va
pp

Ⅱ たゆまずに

谷川俊太郎 作詩
石若雅弥 作曲

15
poco rit.
mf
mp
解きはなたれる　こころとから
わりからも　解きはなたれるーーこころとから
解きはなたれるーーこころとから
わりからも　解きはなたれる　ーこころとから
20
B
Poco più mosso (♩=70)
mf
mp
だ　ひろびろと　つづくみ
だーーーーーー　Uh　みらいへと
だーーーーーー　Uh　みらいへと
だ　ーーーーー　Uh　みらいへと
25
poco a poco rit.
cresc.
ち　そのみちを　たゆまずに　あゆむ　よ
そのみちを　そのみちをー　たゆまずに　あゆむ
そのみちを　そのみちを　たゆまずに　あゆむ
そのみちを　そのみちを　たゆまずに　あゆむ

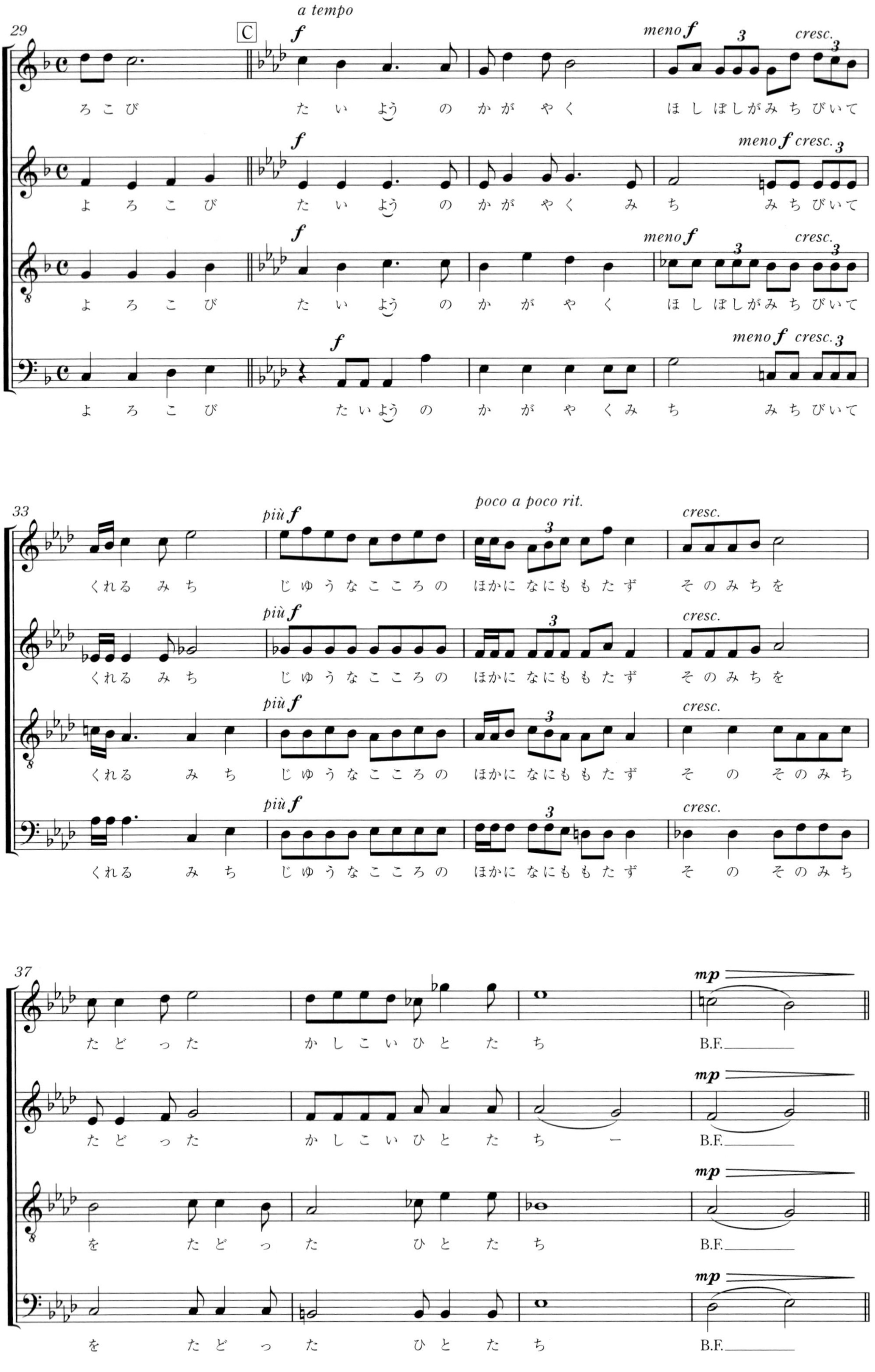
29
a tempo
C
f
meno f
cresc.
3
ろこび たいよう のかがやく ほしぼしがみちびいて
よろこび たいよう のかがやく みち みちびいて
よろこび たいよう のかがやく ほしぼしがみちびいて
よろこび たいよう のかがやくみち みちびいて
33
più f
poco a poco rit.
cresc.
くれるみち じゆうなこころの ほかになにももたず そのみちを
くれるみち じゆうなこころの ほかになにももたず そのみちを
くれるみち じゆうなこころの ほかになにももたず そのそのみち
くれるみち じゆうなこころの ほかになにももたず そのそのみち
37
mp
たどった かしこいひとたち B.F.
たどった かしこいひとたち ー B.F.
をたどった ひとたち B.F.
をたどった ひとたち B.F.

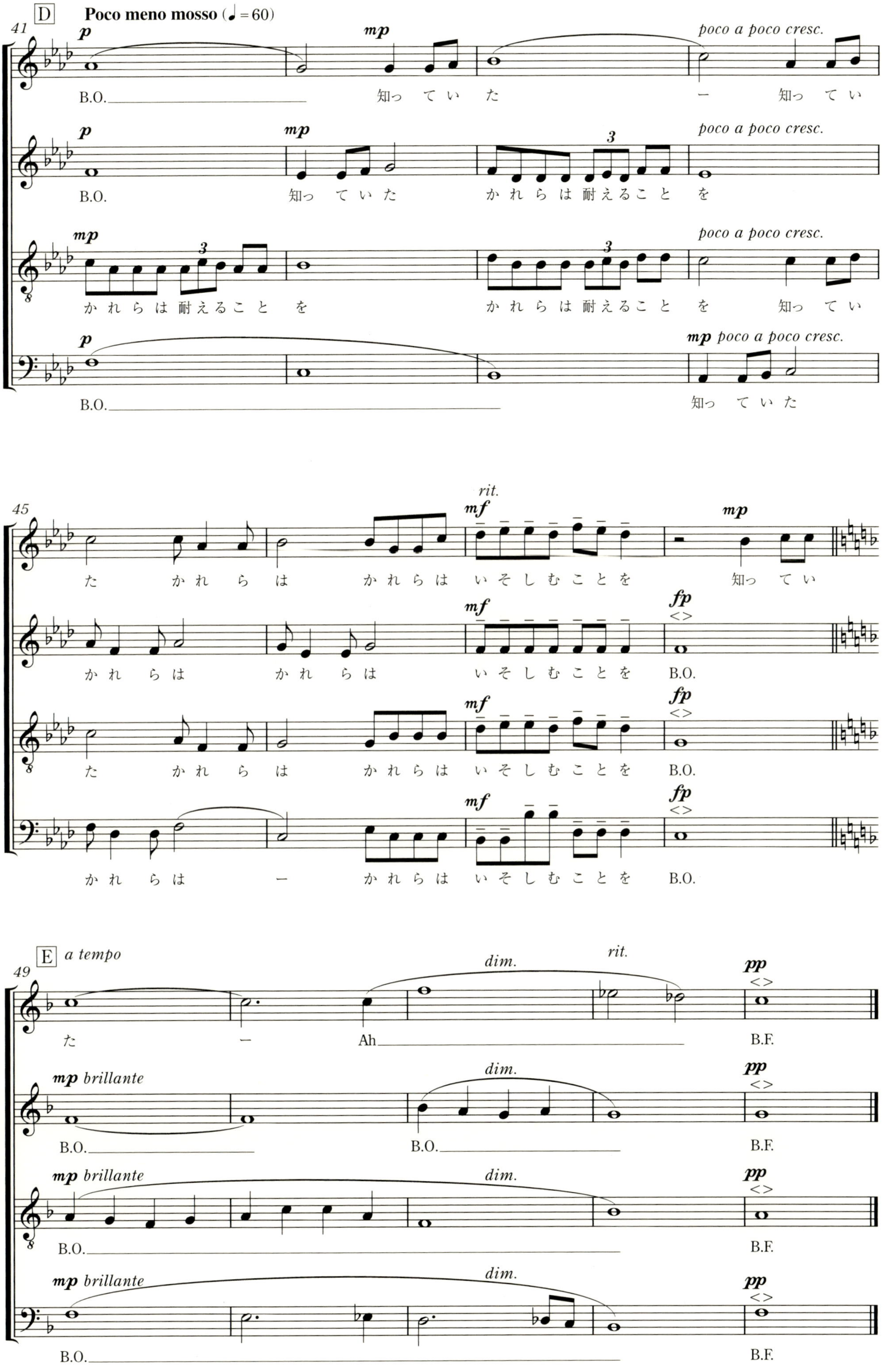
D
Poco meno mosso (♩ = 60)
41
p
mp
poco a poco cresc.
B.O.
知っ て い た
ー
知っ て い
B.O.
知っ て い た
かれらは耐えること
を
かれらは耐えることを
かれらは耐えることを
知っ て い
B.O.
知っ て い た
mp poco a poco cresc.
45
rit.
mf
mp
fp
た
かれ ら は
かれらは
いそしむことを
知っ て い
かれ ら は
かれ ら は
いそしむことを
B.O.
た
かれ ら は
かれらは
いそしむことを
B.O.
かれ ら は
ー
かれらは
いそしむことを
B.O.
E
a tempo
49
dim.
rit.
pp
た
ー
Ah
B.F.
mp brillante
B.O.
B.O.
B.F.
mp brillante
B.O.
B.F.
mp brillante
B.O.
B.F.

Ⅲ ことばのとおりに

谷川俊太郎 作詩
石 若 雅 弥 作曲

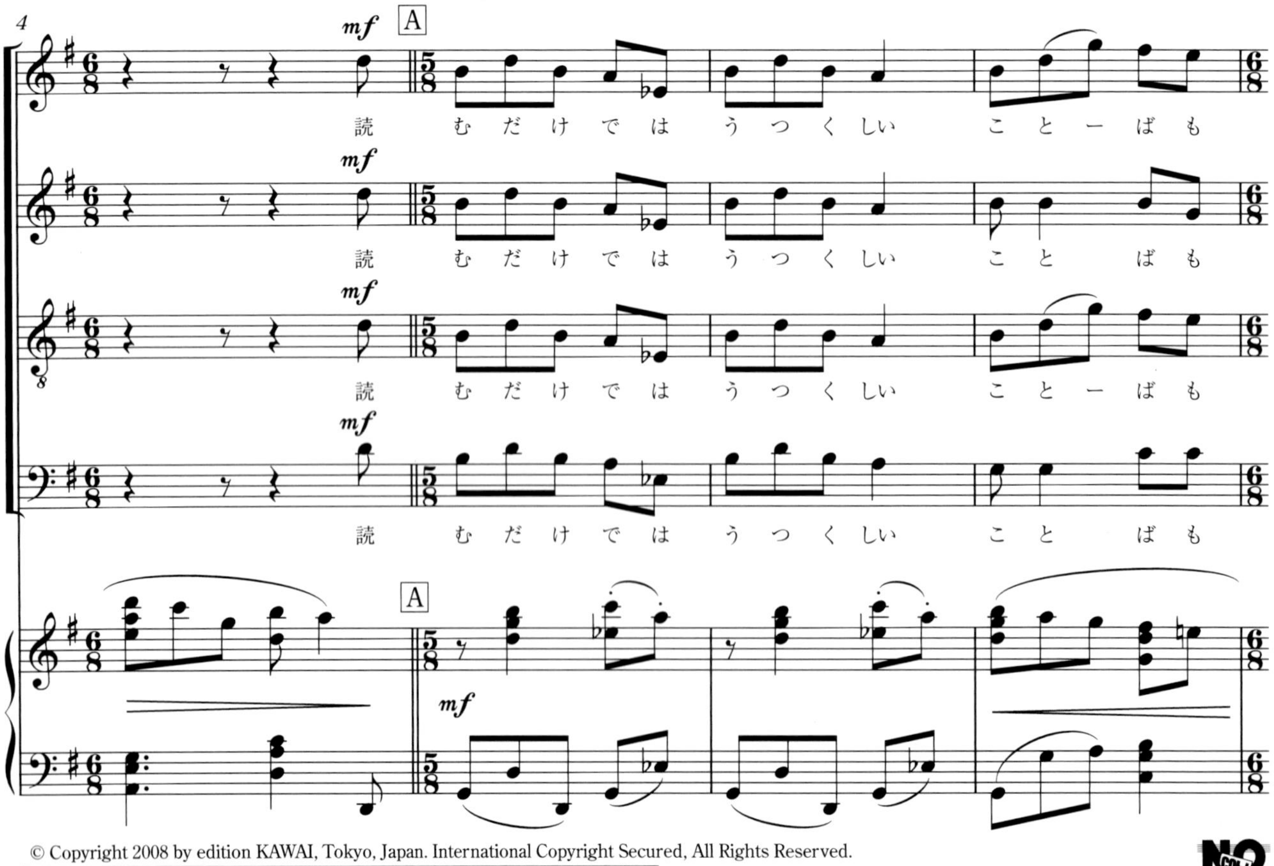

8
mp
た だ の 文 字 Lu lu lu lu lu lu lu lu lu
mp
た だ の 文 字 Lu lu lu lu lu lu lu lu lu
mf
た だ の 文 字 しゃべ る だ け で は
mp
た だ の 文 字 Lu lu lu lu lu lu
mp

12
mf
lu lu lu こ と ー ば も た だ の お と ー
mf
lu lu lu こ と ば も た だ の お と ー
り っ ぱ な こ と ー ば も た だ の お と ー
mf
lu lu こ と ば も た だ の お と ー

16
mp
ことば のとお り に おこなう と き
mp
ことば のとお り に おこなう と き
mp
ことば のとお り に おこなうとき
mp
ことば のとお り に おこなうとき
mp

20
poco a poco cresc.
ことば の と お り に 生 きるー と き
poco a poco cresc.
ことば の と お り に 生 きる と き 生 きると
poco a poco cresc.
こ と ば の とおりに 生 きる と き 生きると
poco a poco cresc.
こ と ば の とおりに 生 きる と き
poco a poco cresc.

24
B
mf
f
ー Lu lu lu lu lu lu ほ ん と の あ な
き Lu lu lu lu lu lu ほ ん と の あ な
き ー あ な た は ほん と の あ な た に ほ ん と の あ な
ー Lu lu lu lu ほ ん と の あ な
B

28
た に な れ る わ た し は ほ ん と の ほ ん と の わ た
た に な れ る わ た し は ほ ん と の ほ ん と の わ た
た に な れ る わ た し は ほ ん と の ほ ん と の わ た
た に な れ る わ た し は ほ ん と の ほ ん と の わ た

32
しになれる　ー　ー　ー
しになれる　ー　ー　ー
しになれる　ー　ー　ー
しになれる　ー　ー　ー
f
36
meno f

40
poco rit.
C Moderato (♩. = 80)
mp
は も ん の よ う に
poco rit.
C Moderato (♩. = 80)
p
44
ー こ こ ろ に ひ ろ が る ー
mf poco a poco cresc.
は も ん の よ う
poco a poco cresc.

49
mf poco a poco cresc.
はもんのように
mf poco a poco cresc.
はもんのように ー こころに
に ー こころに ひろがる
mf cresc.
はもんのよう

54
ー こころに ひろがる こころ
ひろがる ー ー こころに
ー はもんのように こころに
に はもんのように こころに

59
poco accel.
D Poco più mosso (♩. = 88)
f
に ー かみなり ー のよ う に
ひ ろ が る かみなり ー のよ う に かみな
ひ ろ が る かみなり ー のよ う に かみな
ひ ろ が る かみなり ー のよ う に
D Poco più mosso (♩. = 88)
poco accel.
f
64
ー こころを ゆるがす ー
りのよ う に ゆるがす ゆ る が
りのよ う に ゆるがす ゆ る が
ー こころを ゆるがす ー

69
こころにとど
す ー 生まれて とど
す ー 生まれて とど
こころから 生まれて こころにとど

73
ff
く ー ことばのちから
ff
く ー ことばのちから
ff
く ー ことばのちから
ff
く ー ことばのちから
ff

77
は ー こころのちから
は ー こころのちから
は ー こころのちから
は ー こころのちから

82
E Meno mosso (♩.=44)
mp
ー
おおすぎる ことばは
ー
ー
ー
E Meno mosso (♩.=44)
p
4
4

86
mp
mp
mp
ー
ことばは
こ とー ばは
おおすぎる ことばは
ー

90
f
mp
rit.
cresc.
f
さわがしい さわがしい こころのそこの しずけさ
さわがしい さわがしい こころのそこの しずけさ
さわがしい さわがしい そこの しずけさ
さわがしい さわがしい そこの しずけさ
rit.
f
mp
cresc.

94
a tempo
rit.
mp
が
こ と ば の ふ る さ
が
こ と ば の ふ る さ
が
こ と ば の ふ る さ
が
ふ る さ
a tempo
rit.
f
mp
98
F
Allegretto (♩.=ca.70)
poco rit.
pp
と ー ー ー B.F.
と ー ー ー B.F.
と ー ー ー B.F.
と ー ー ー B.F.
F
Allegretto (♩.=ca.70)
poco rit.
p
pp

Ⅳ 愛が消える

谷川俊太郎 作詩
石 若 雅 弥 作曲

14
Sop.
f cresc. marc.
あいつがわたしを　わたしを不幸ーに
rit.
sub. mf
す
Alt.
f cresc. marc.
あいつがわたしをわたしを不幸ーに
sub. mf
す
Ten.
f cresc. marc.
あいつがわたしを　わたしを不幸ーに
sub. mf
す
Bas.
f cresc. marc.
あいつがわたしをわたしを不幸ーに
sub. mf
す
rit.

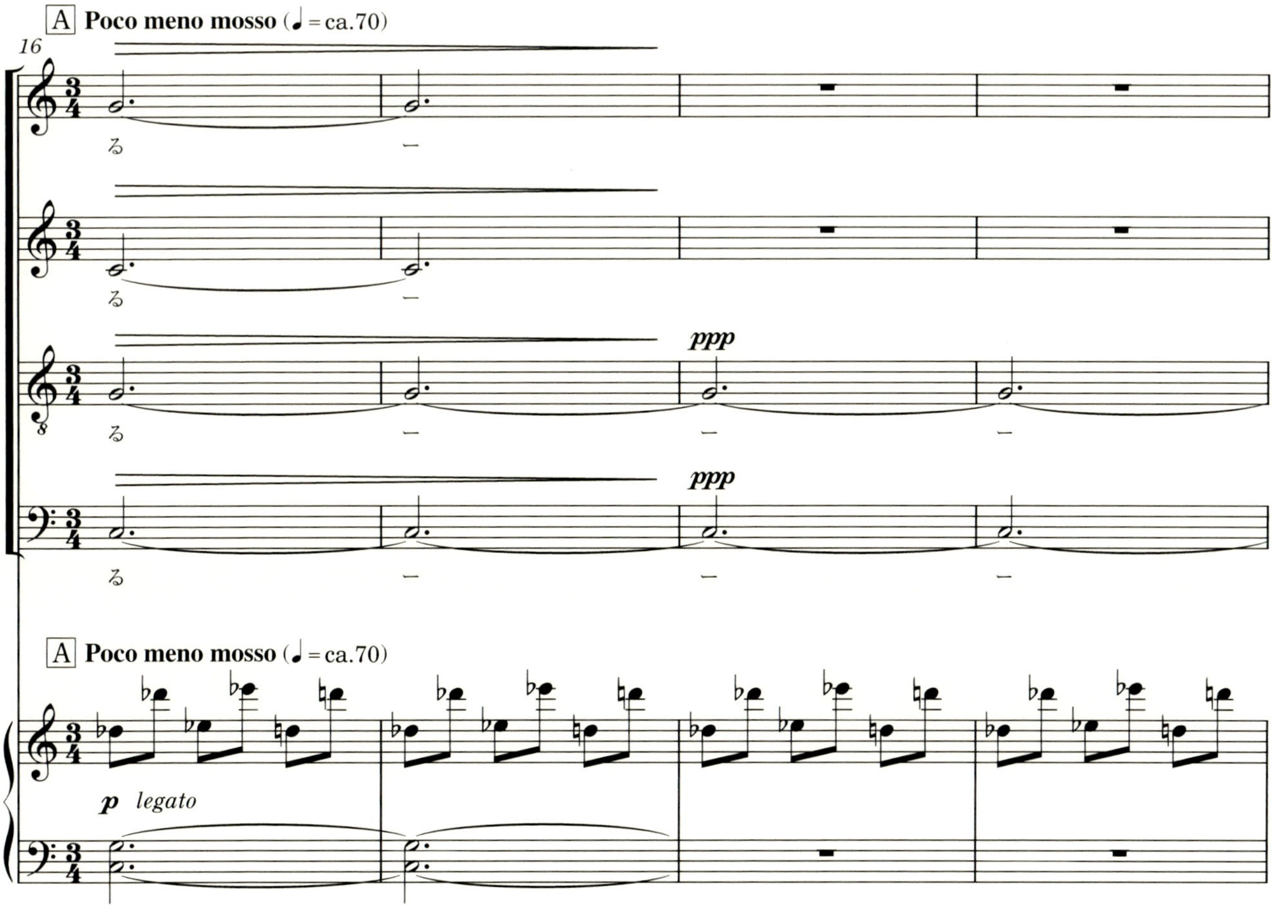
A Poco meno mosso (♩= ca.70)
16
るー
るー
ppp
るーーー
ppp
るーーー
A Poco meno mosso (♩= ca.70)
p legato

20
p
B.O.
24
mp
あ い つ の せ い に し て い る と
pp

28
pp
(B.O.)
mp poco
わたしはあいつに
閉じこめられる
32
mp
B.O.
cresc.

36
poco rit.
閉 じ こ め ー　閉 じ こ め ら れ る
閉 じ　こ め ら れ る　閉 じ こ め ら れ る
閉 じ こ め　ら れ る　閉 じ こ め ら れ る
閉 じ こ め ら れ　る　閉 じ こ め ら れ る
poco rit.

B Allegretto (♩.=50)
40
f
わ た し　が　だ れ か　を　に く む　と　き　わ た し　は　わ た し　を
わ た し　が　だ れ か　を　に く む　と　き　わ た し　は　わ た し　を
わ た し　が　だ れ か　を　に く む　と　き　わ た し　は　わ た し　を
わ た し　が　だ れ か　を　に く む　と　き　わ た し　は　わ た し　を
B Allegretto (♩.=50)
f

43
にくんでいる だれかがあなたを うらむとき
にくんでいる だれかがあなたを うらむうらむと
にくんでいる だれかがあなたを うらむとき
にくんでいる だれかがあなたを うらむと

46
cresc.
poco rit.
ff
だれかは せかいを うらんでい
き だれかは せかいを うらんでい
だれかは せかいを うらんでい
き だれかは せかいを うらんでい
poco rit.

49
a tempo
poco rit.
る ー
る ー
る ー
る ー
poco rit.
8va
a tempo
ff marc.

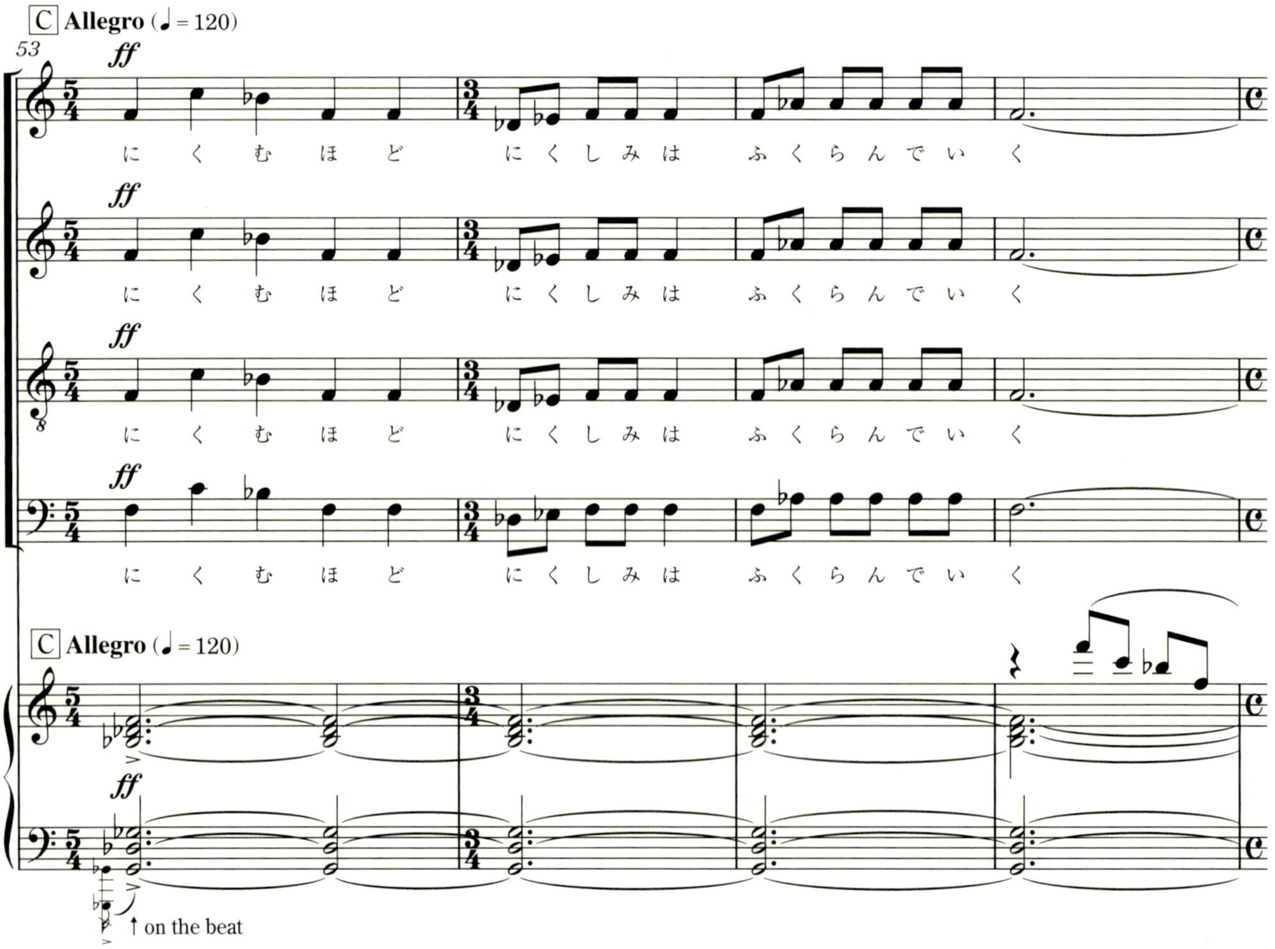
C Allegro (♩ = 120)
53
ff
に く む ほ ど に く し み は ふ く ら ん で い く
ff
に く む ほ ど に く し み は ふ く ら ん で い く
ff
に く む ほ ど に く し み は ふ く ら ん で い く
ff
に く む ほ ど に く し み は ふ く ら ん で い く
C Allegro (♩ = 120)
ff
↑ on the beat

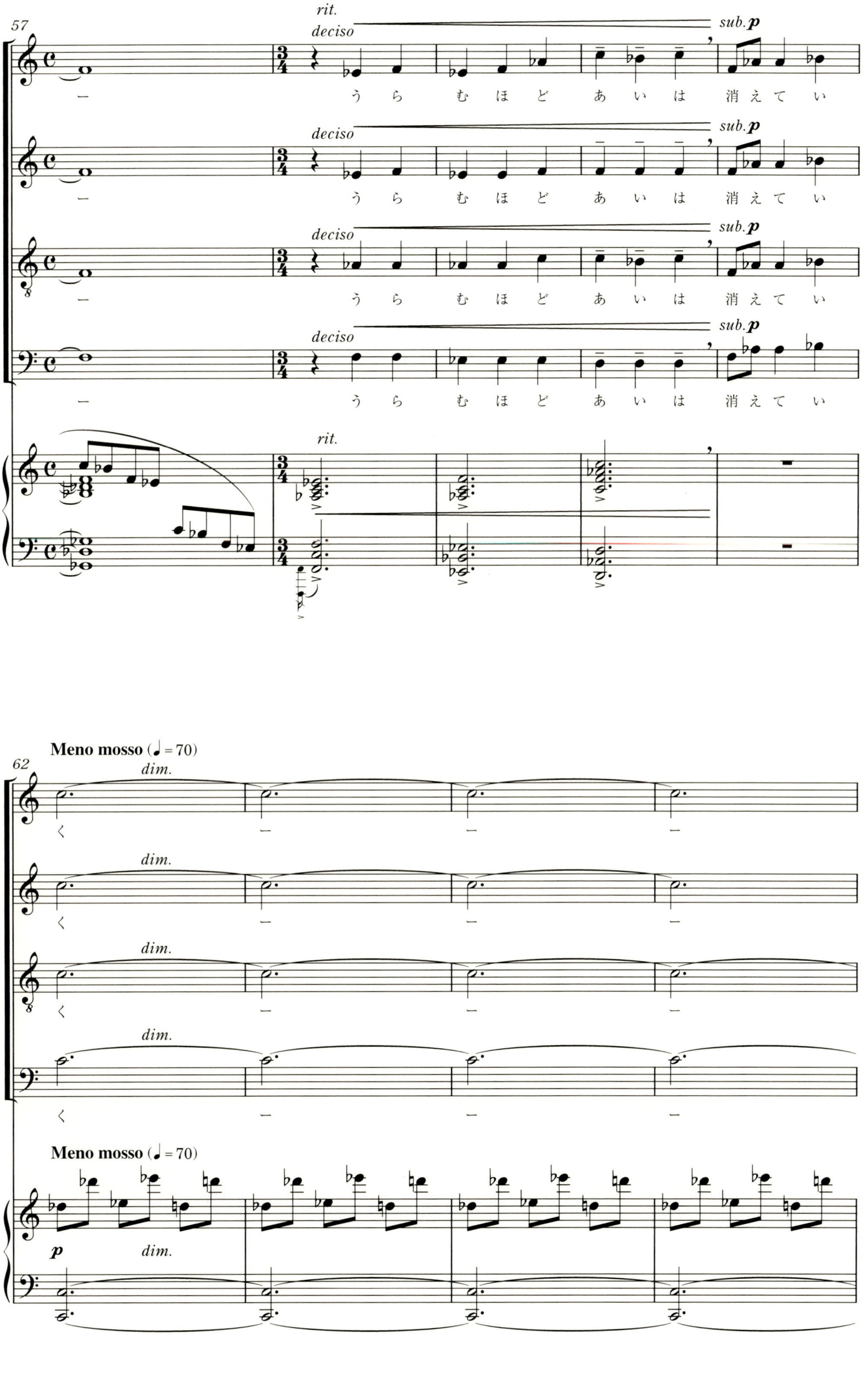
57
rit.
deciso
sub. p
ー
う ら む ほ ど あ い は 消 え て い
deciso
sub. p
ー
う ら む ほ ど あ い は 消 え て い
deciso
sub. p
ー
う ら む ほ ど あ い は 消 え て い
deciso
sub. p
ー
う ら む ほ ど あ い は 消 え て い
rit.
Meno mosso (♩= 70)
62
dim.
く ー ー ー
dim.
く ー ー ー
dim.
く ー ー ー
dim.
く ー ー ー
Meno mosso (♩= 70)
p
dim.

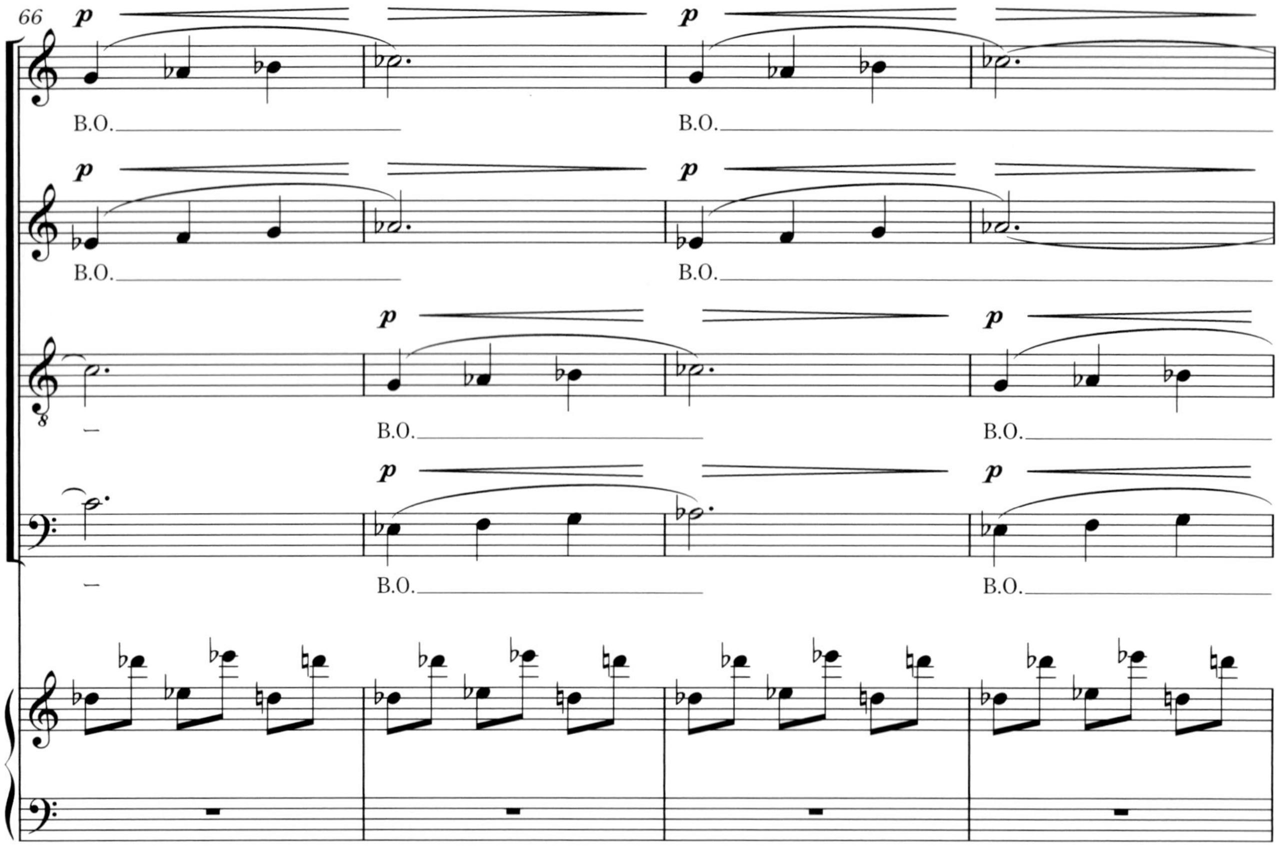
66
p
B.O.
p
B.O.
p
B.O.
p
B.O.
p
B.O.
p
B.O.
p
B.O.
p
B.O.

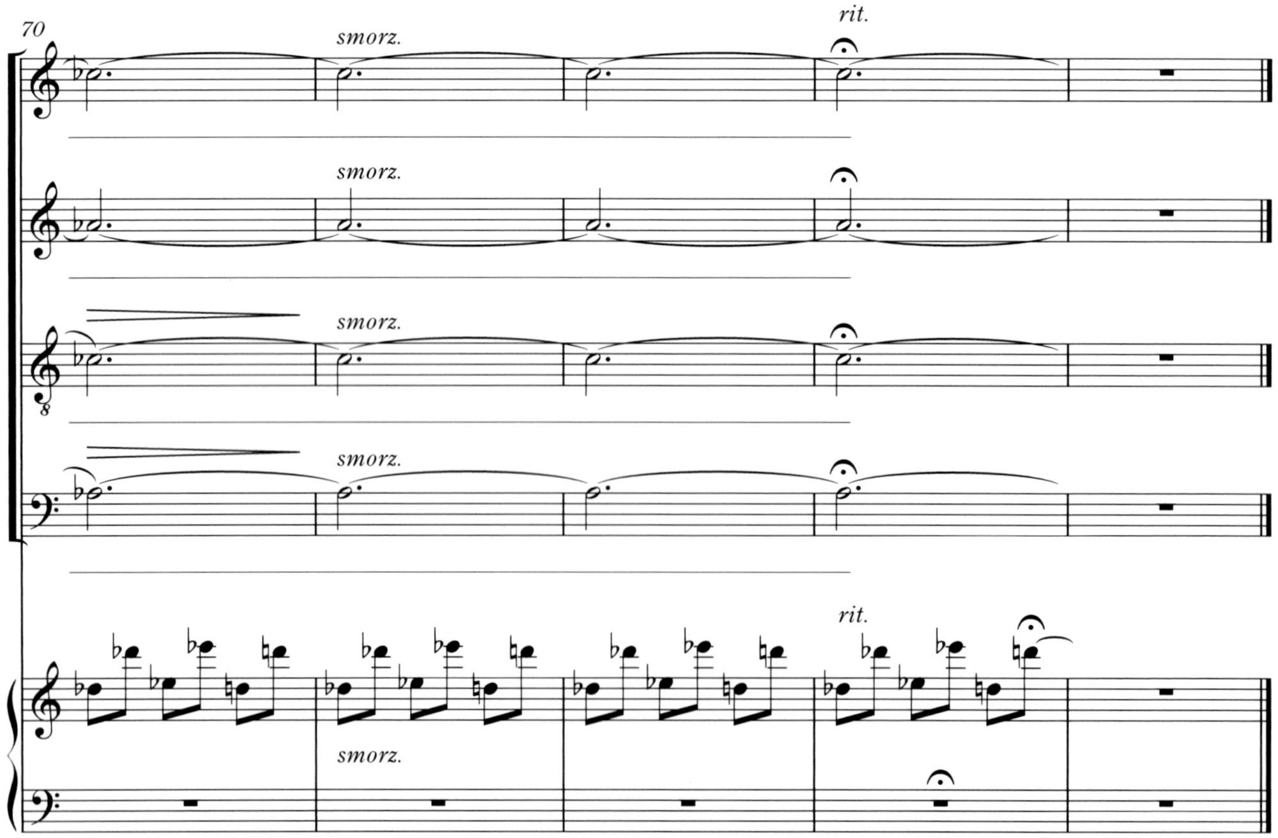
70
smorz.
rit.
smorz.
smorz.
smorz.
rit.
smorz.

V もっと向こうへと

谷川俊太郎 作詩
石若雅弥 作曲

9
p
は あ な た の も の あ な た の も の
p
は あ な た の も の あ な た の も の
p
は あ な た の も の あ な た の も の
p
は あ な た の も の あ な た の も の

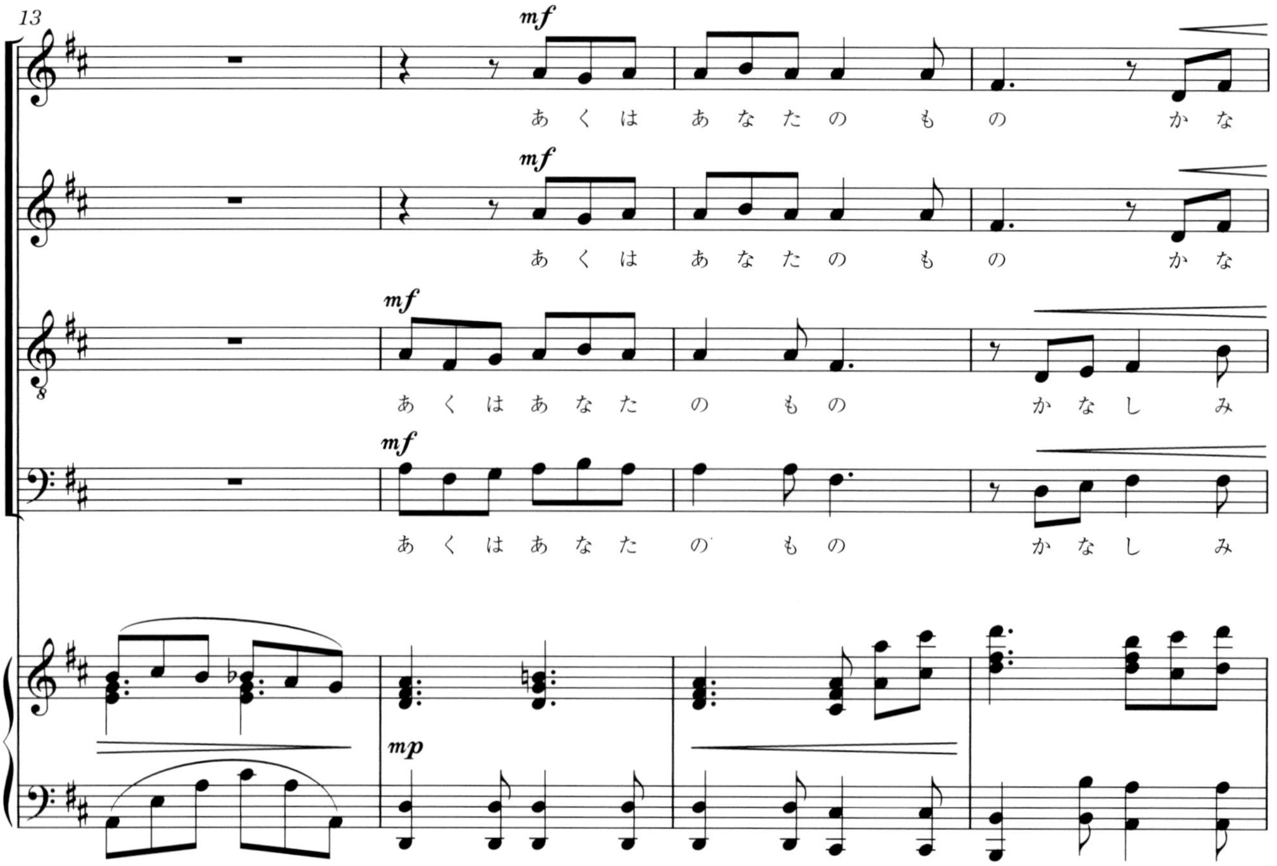
13
mf
あ く は あ な た の も の か な
mf
あ く は あ な た の も の か な
mf
あ く は あ な た の も の か な し み
mf
あ く は あ な た の も の か な し み
mp

17
しみはあなたのもの　あなたのもの　ー
しみはあなたのもの　あなたのもの　ー
は　あなたのもの　あなたのもの　ー
かなしみは　あなたのーものー
B ♩.=ca.38
21
mf
だがぜんとー　あなたのも
mf
だがぜーんとー　あなたのも
mf
よろこびも　あなた
mf
あなた
B ♩.=ca.38
mf

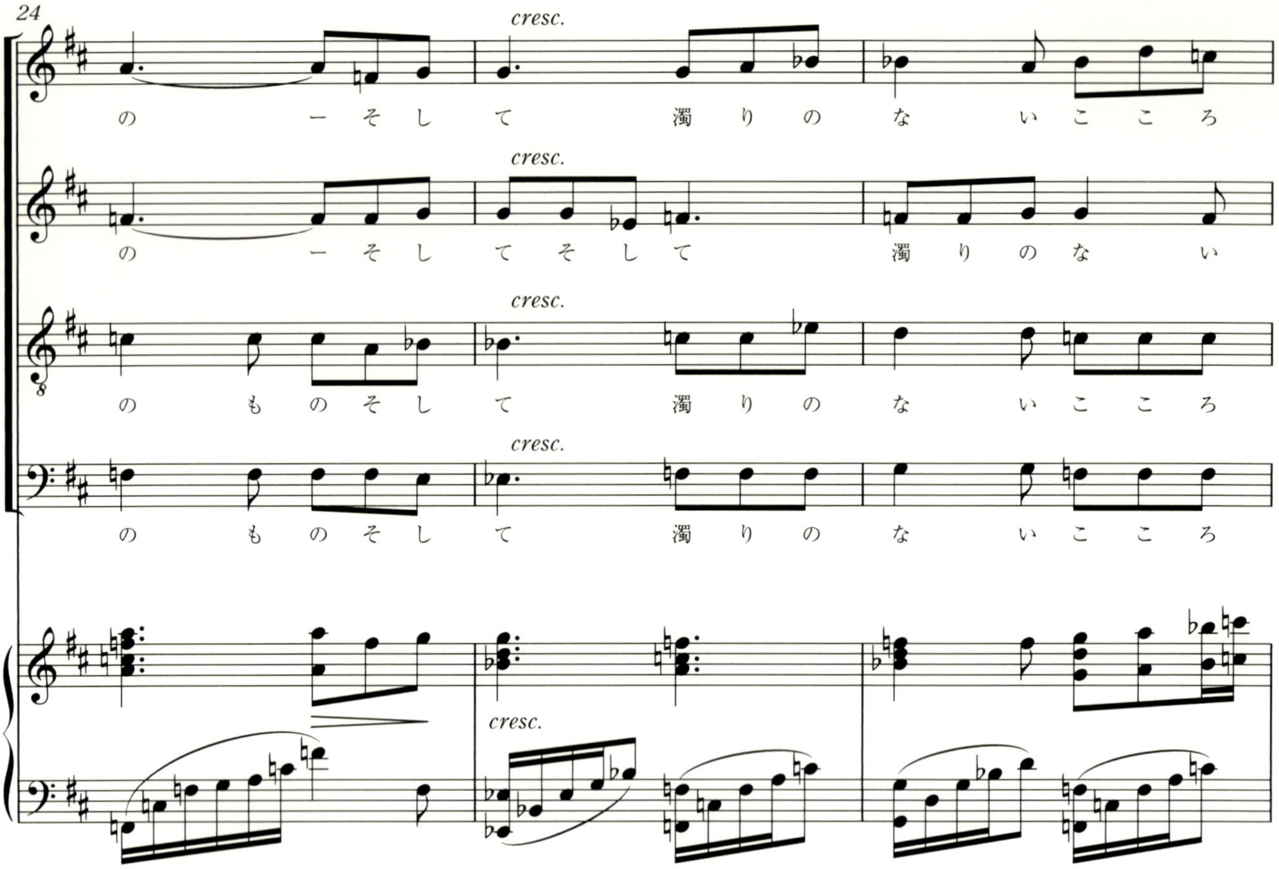
24
cresc.
の ー そ し て 濁 り の な い こ こ ろ
cresc.
の ー そ し て そ し て 濁 り の な い
cresc.
の も の そ し て 濁 り の な い こ こ ろ
cresc.
の も の そ し て 濁 り の な い こ こ ろ
cresc.

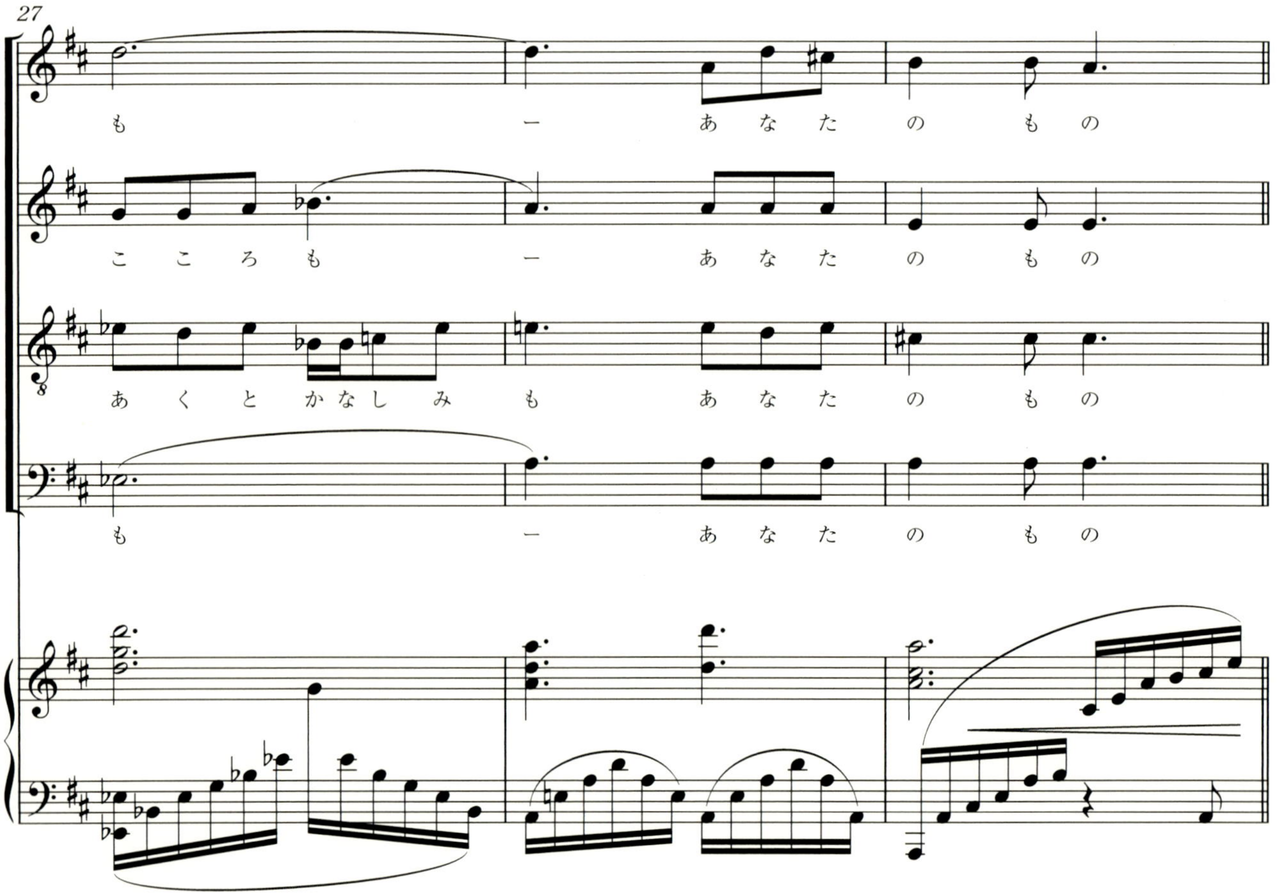
27
も ー あ な た の も の
こ こ ろ も ー あ な た の も の
あ く と か な し み も あ な た の も の
も ー あ な た の も の

30
C
mf
きよい いずみ も
mf
きよい いずみ いずみ も
C
f
33
cresc.
にごった どろみず も みな あなたの こころ か
cresc.
にごった どろみず も みな あなたの こころ か
mf
どろみず も
cresc.
mf
どろみず も
cresc.

36
rit.
ら ー 湧 い て く る ー
ら ー 湧 い て く る ー
こ こ ろ か ら 湧 い て く る ー
こ こ ろ か ら 沸 い て く る ー
rit.
39
D Vivace (♩ = ca.156)
f
い ま 見 え て い る せ か い は た だ の あ ぶ く
D Vivace (♩ = ca.156)
f

43
f
いま見えている　せかい　は　まぼろ　し
mf
まぼろし
mf
marc.
まぼろしま
mf
まぼろし
47
marc.
いま見えている　せ　か　い　は　ただー　の
marc.
あぶく　あぶく　あぶく　あぶく　あぶく　あぶく　あぶく　あぶく
div.
ぼろしまぼろしま　ぼろしまぼろしま　ぼろしまぼろしま　ぼろしまぼろしま
marc.
div.
Ah　Ah　Ah　Ah　Ah　Ah　Ah　Ah　Ah　Ah　Ah　Ah

51
あ ぶ く ー ま ぼ ろ し
div.
あ ぶ く あ ぶ く あ ぶ く あ ぶ く あ ぶ く あ ぶ く
ぼ ろ し ま ぼ ろ し ま ぼ ろ し ま ぼ ろ し ま ぼ ろ し ま ぼ ろ し
Ah Ah Ah Ah Ah Ah Ah Ah Ah

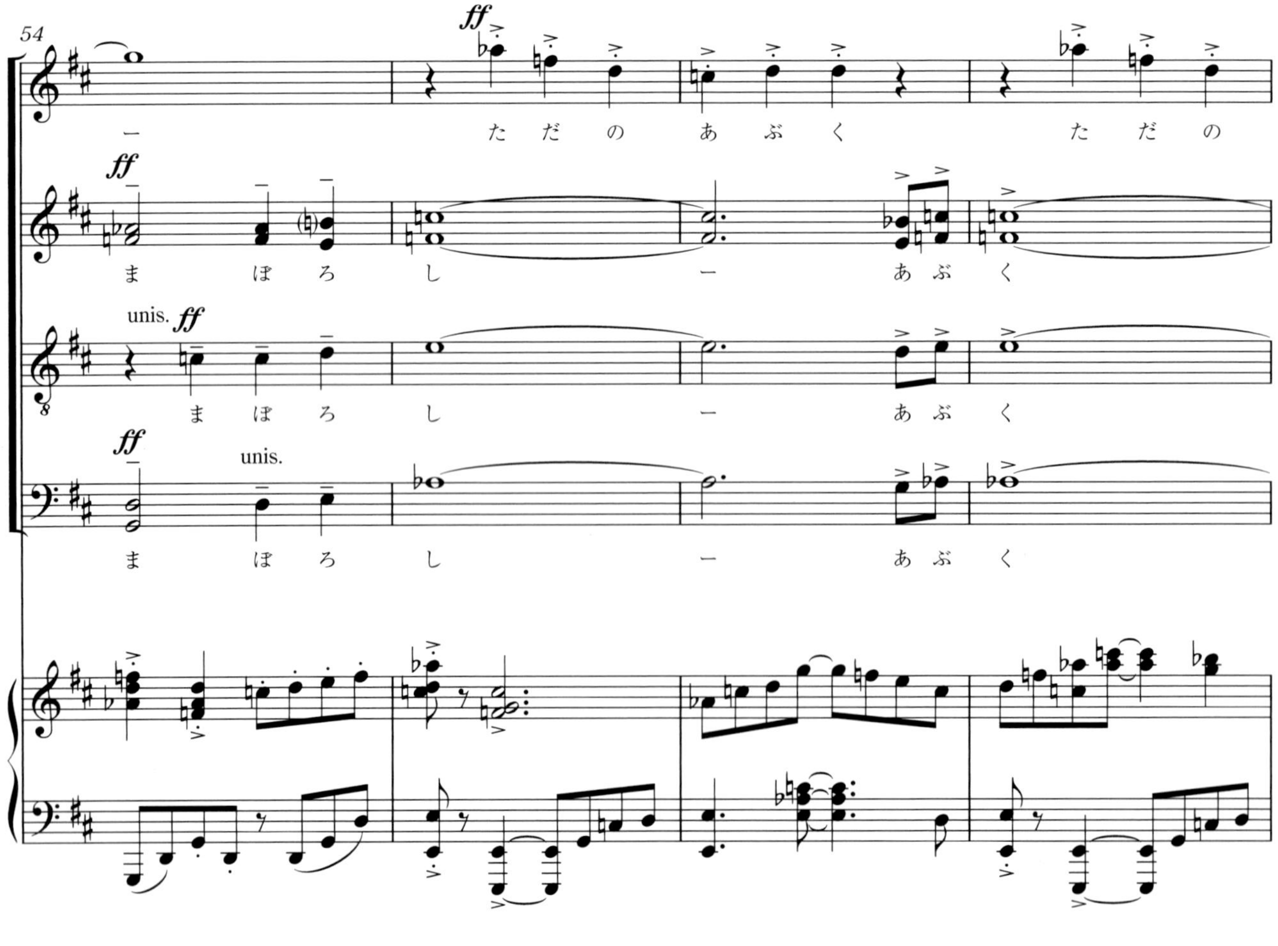
54
ff
ー た だ の あ ぶ く た だ の
ff
ま ぼ ろ し ー あ ぶ く
unis. ff
ま ぼ ろ し ー あ ぶ く
ff
unis.
ま ぼ ろ し ー あ ぶ く

58
fff
まぼろし まぼろし
まぼろし
marc.
61
rit.
E ♩.=ca.36
mp
せかいを ありの
p

64
まま に 見るため に
mp
目
mp

67
まち
unis. mp
目覚めよう
まちがったゆ
覚めよう
まちがったゆめから
mp
まちがったゆ

70
mf
がったゆめ　せかいを　ありのまま
mf
めから　せかいを　ありのまま
mf
ゆめから　せかいを　せかいを
mf
めから　せかいを
mf poco a poco cresc.

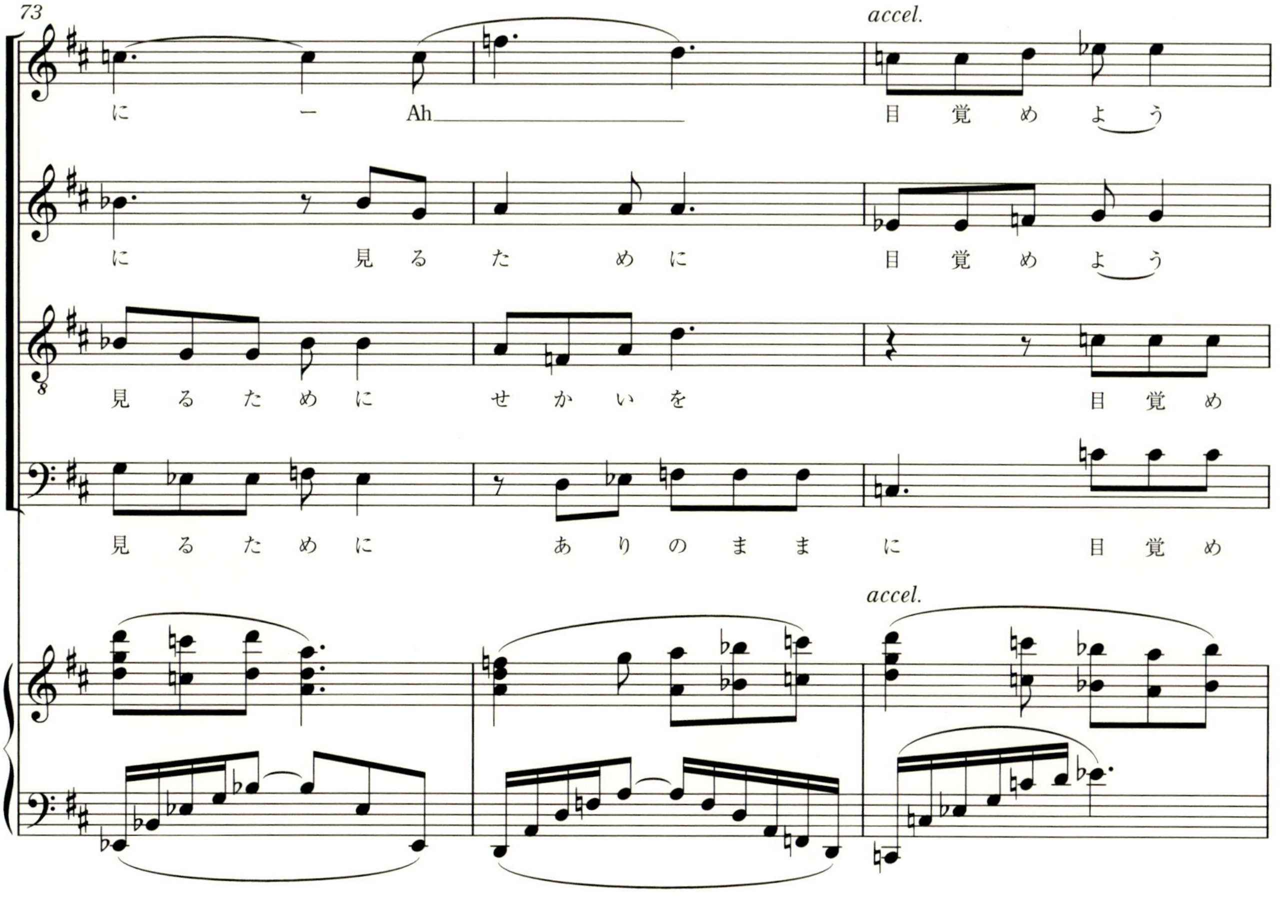
73
accel.
にー Ah　目覚めよう
に　見るために　目覚めよう
見るために　せかいを　目覚め
見るために　ありのままに　目覚め
accel.

76
目 覚 め よ う まちがった ゆ め か ら
目 覚 め よ う まちがった ゆ め か ら
よ う ー まちがった ゆ め か ら ゆ め か
よ う 目 覚 め よ う ゆ め か ら

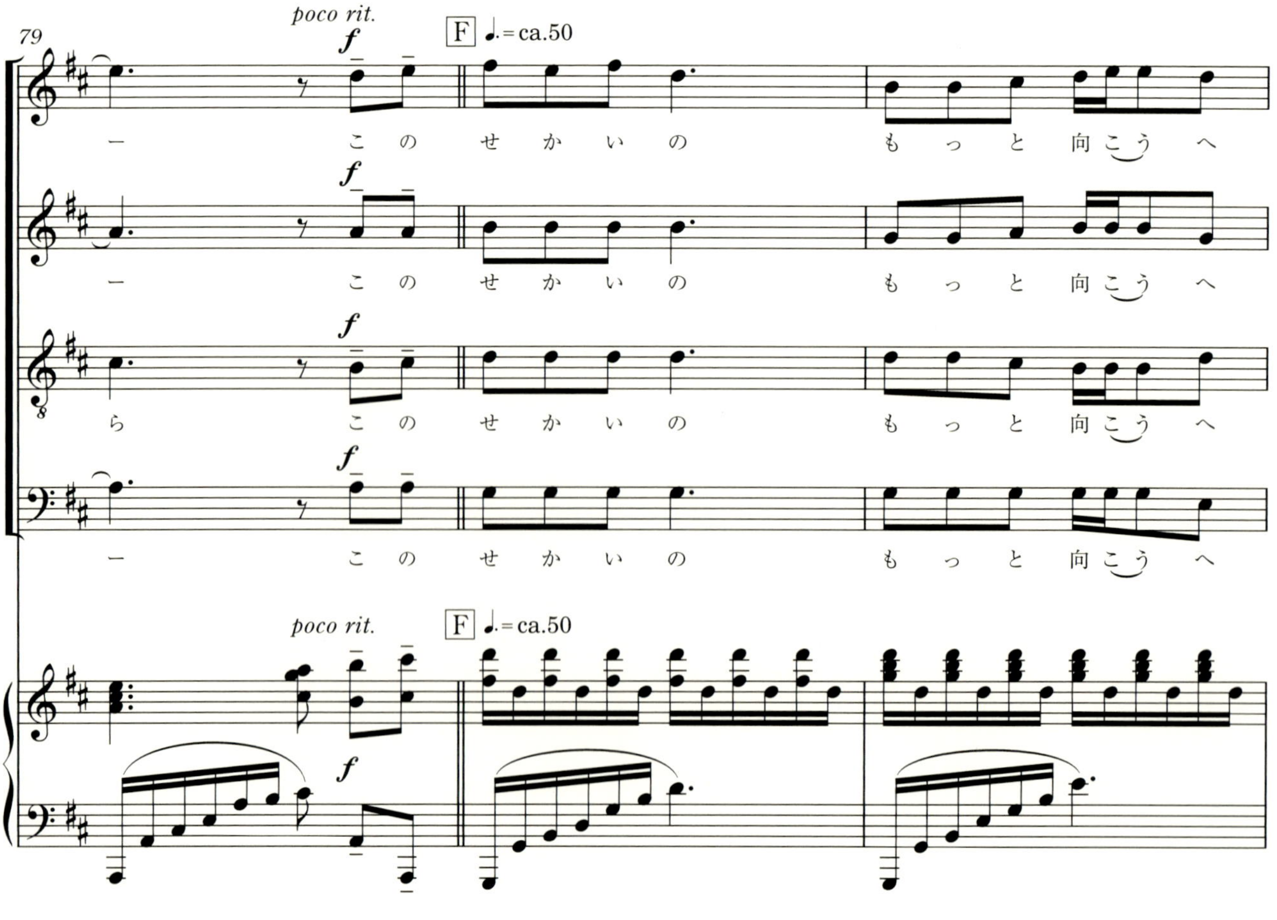
79
poco rit.
F ♩.=ca.50
f
ー こ の せ か い の も っ と 向 こ う へ
ー こ の せ か い の も っ と 向 こ う へ
ら こ の せ か い の も っ と 向 こ う へ
ー こ の せ か い の も っ と 向 こ う へ
poco rit.
F ♩.=ca.50

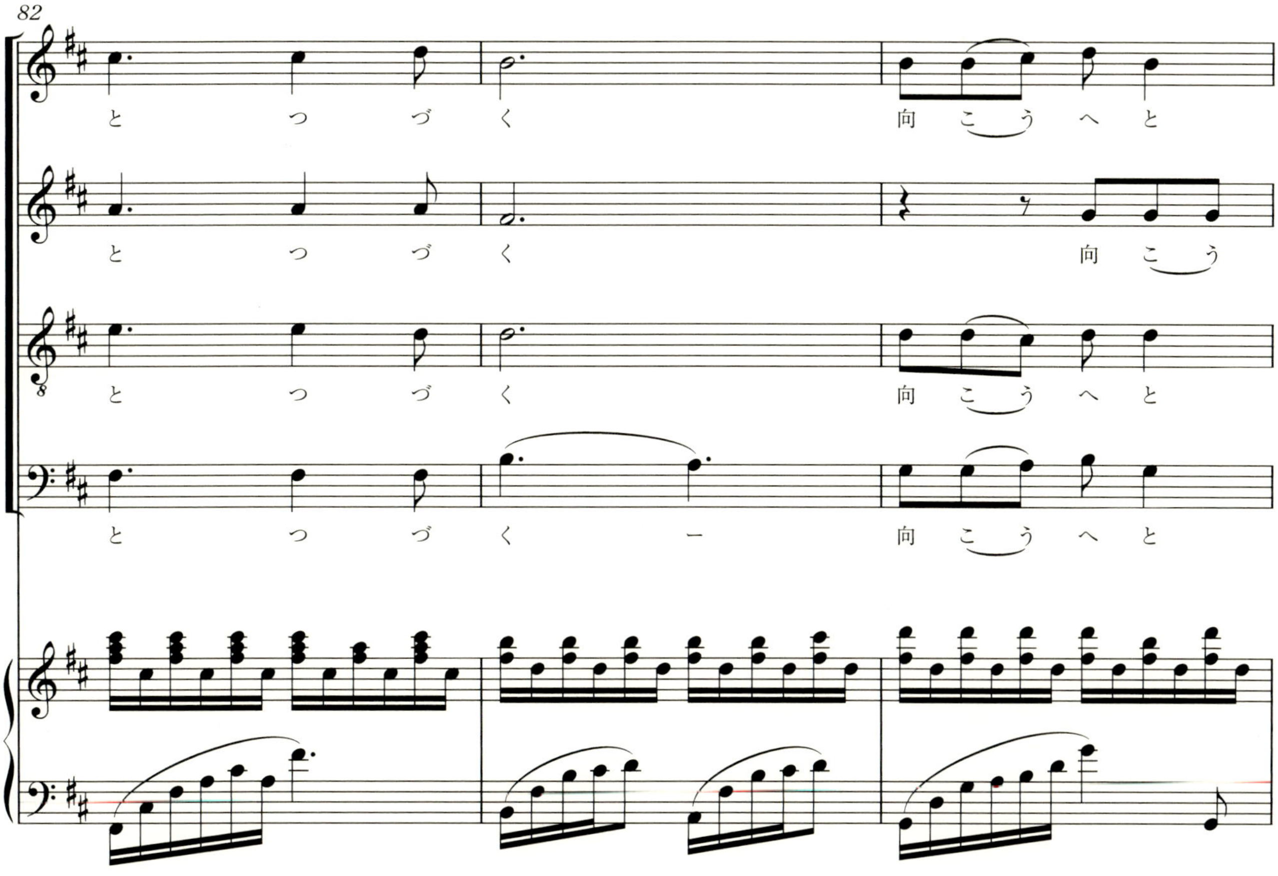
82
と つ づ く 向 こ う へ と
と つ づ く 向 こ う
と つ づ く 向 こ う へ と
と つ づ く ー 向 こ う へ と

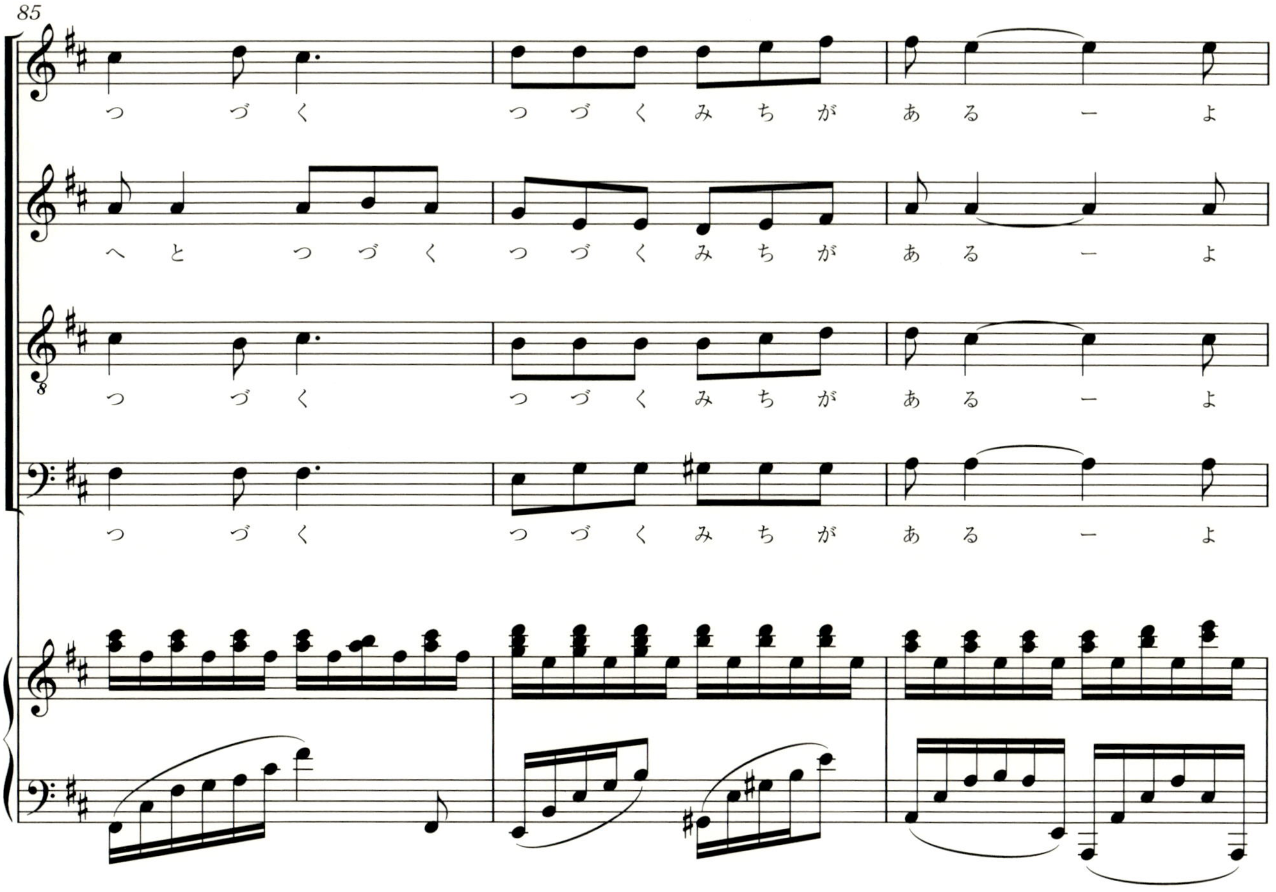
85
つ づ く つ づ く み ち が あ る ー よ
へ と つ づ く つ づ く み ち が あ る ー よ
つ づ く つ づ く み ち が あ る ー よ
つ づ く つ づ く み ち が あ る ー よ

88
ろ　こ　び　と　と　も　に　そ　の　み　ち　を　た　ど　ろ
ろ　こ　び　と　と　も　に　そ　の　み　ち　を　た　ど　ろ
ろ　こ　び　と　と　も　に　そ　の　み　ち　を　た　ど　ろ
ろ　こ　び　と　と　も　に　そ　の　み　ち　を　た　ど　ろ
91
mf cresc.
う　よ　ろ　こ　び　と　と　も　に　そ　の　み　ち　を　た　ど　ろ
mf cresc.
う　よ　ろ　こ　び　と　と　も　に　そ　の　み　ち　を　た　ど　ろ
mf cresc.
う　よ　ろ　こ　び　と　と　も　に　そ　の　み　ち　を　た　ど　ろ
mf cresc.
う　よ　ろ　こ　び　と　と　も　に　そ　の　み　ち　を　た　ど　ろ
mf cresc.

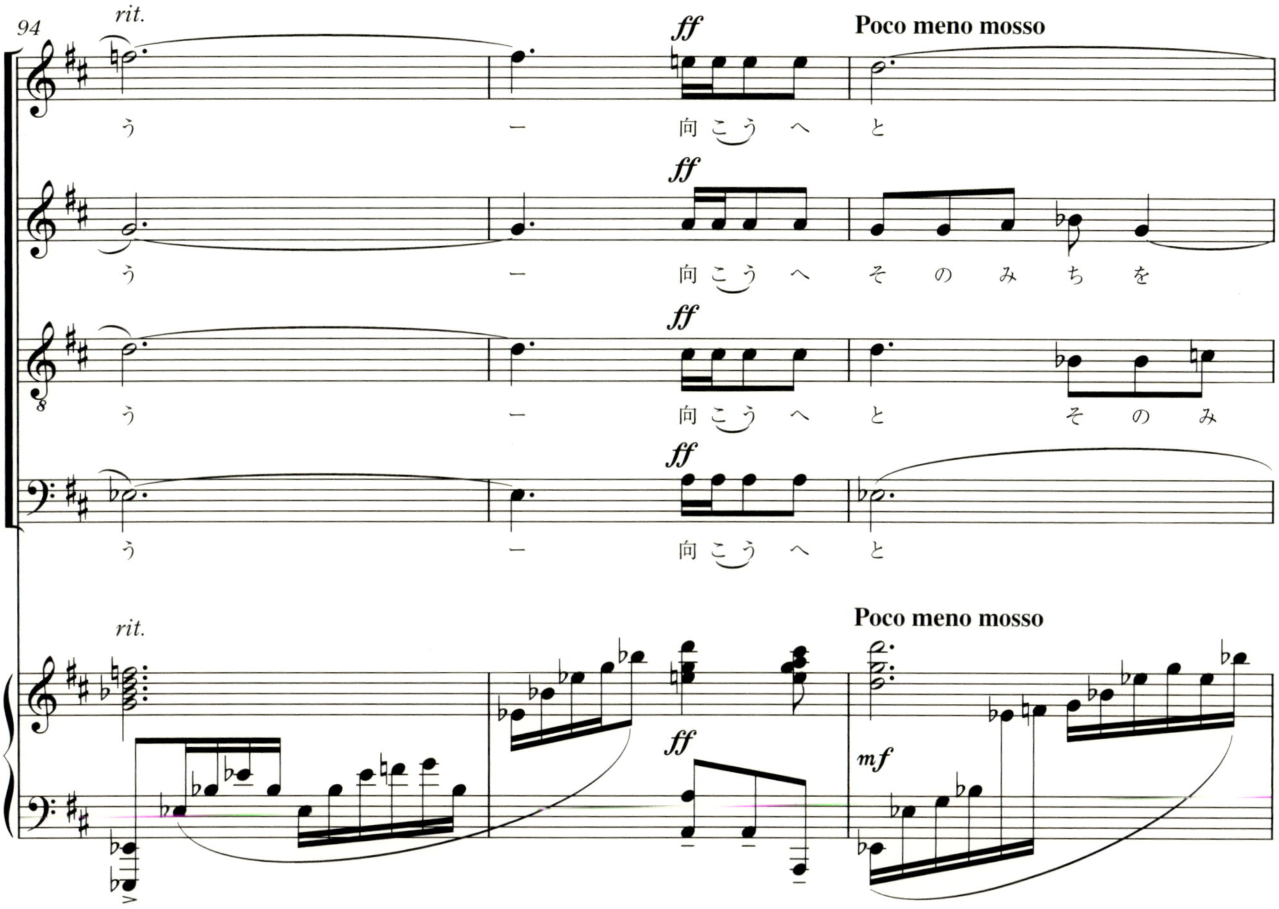
94
rit.
ff
Poco meno mosso
う ー 向こうへ と
う ー 向こうへ そのみちを
う ー 向こうへ と そのみ
う ー 向こうへ と
rit.
Poco meno mosso
ff
mf

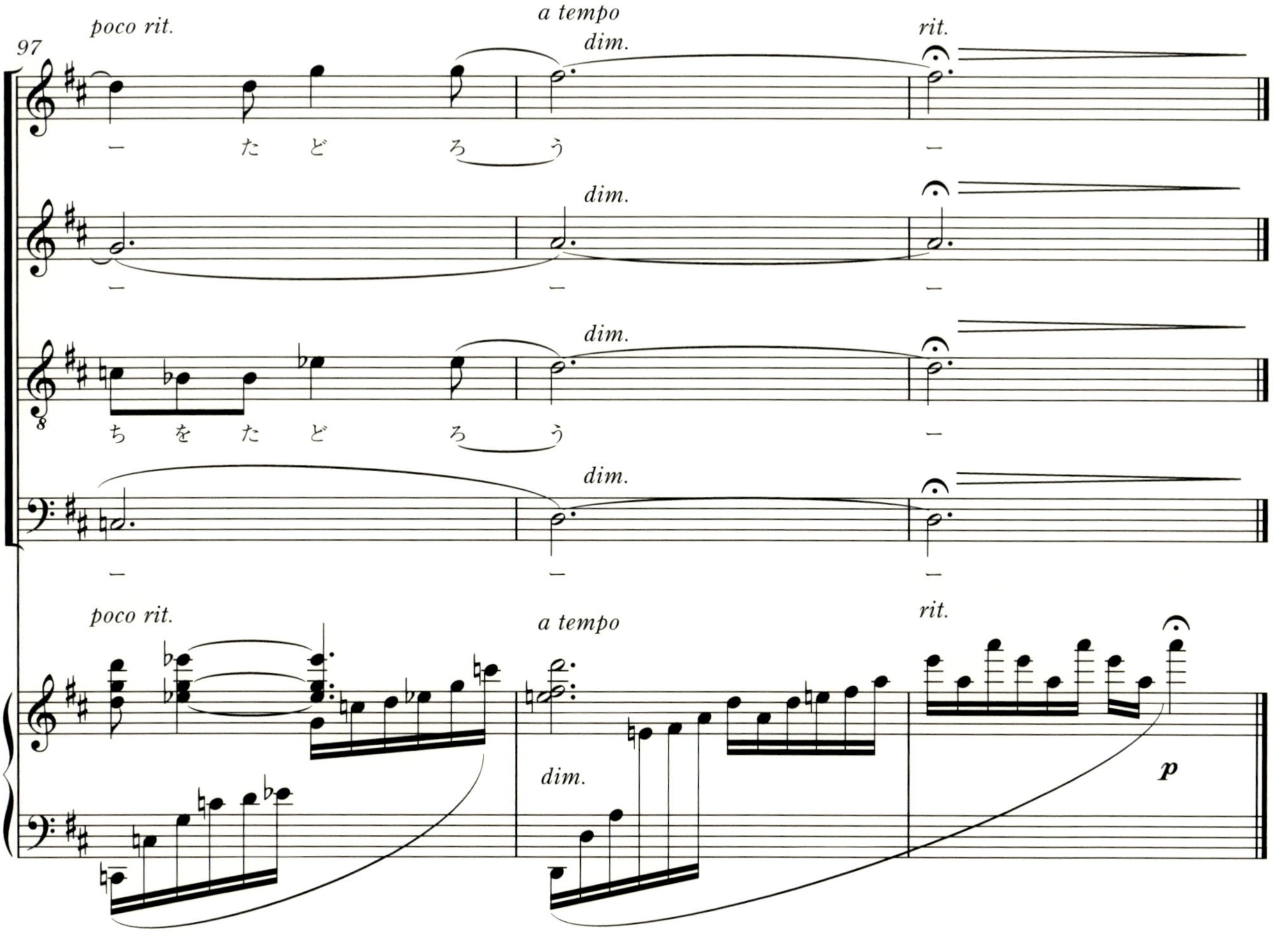
97
poco rit.
a tempo
dim.
rit.
ー たどろう ー
ー ー ー
ちをたどろう ー
ー ー ー
poco rit.
a tempo
rit.
dim.
p

ことばのとおりに

読むだけでは美しいことばもただの文字
しゃべるだけではりっぱなことばもただの音
ことばのとおりに行うとき
ことばのとおりに生きるとき

あなたはほんとのあなたになれる
私はほんとの私になれる

波紋のようにこころにひろがる
かみなりのようにこころをゆるがす
こころから生まれてこころにとどく
ことばの力はこころの力

多すぎることばはさわがしい
こころの底の静けさがことばのふるさと

愛が消える

あいつが私を悲しませる
あいつが私を傷つける
あいつが私を打ちのめす
あいつが私を不幸にする

あいつのせいにしていると
私はあいつに閉じこめられる

私がだれかを憎むとき
私は私を憎んでいる
だれかがあなたをうらむとき
だれかは世界をうらんでいる

憎むほど憎しみはふくらんでいく
うらむほど愛は消えていく

もっと向こうへと

悪はあなたのもの
哀しみはあなたのもの
だが善と喜びもあなたのもの
そして濁りないこころも

清い泉も濁った泥水も
みなあなたのこころから湧いてくる

いま見えている世界はただのあぶく
ただの幻
世界をありのままに見るために
目覚めよう　間違った夢から

この世界のもっと向こうへと続く道がある
喜びとともにその道をたどろう

作曲上、歌詞に一部変更があります。

こころの色

谷川俊太郎

こころの色

私がなにを思ってきたか
それがいまの私をつくっている
あなたがなにを考えてきたか
それがいまのあなたそのもの

世界はみんなのこころで決まる
世界はみんなのこころで変わる

あかんぼうのこころは白紙
大きくなると色にそまる
私のこころはどんな色？
きれいな色にこころをそめたい

きれいな色ならきっと幸せ
すきとおっていればもっと幸せ

たゆまずに

静かな気もちで
こころの奥を見つめるとき
おそれからもこだわりからも解き放たれる
こころとからだ

ひろびろと未来へと続く道
その道をたゆまずに歩む喜び

太陽の輝く道
星々が導いてくれる道
自由なこころの他に何ももたず
その道をたどった賢い人たち

彼らは耐えることを知っていた
いそしむことを知っていた

混声合唱とピアノのための **こころの色**　谷川俊太郎《たにかわしゅんたろう》 作詩／石若雅弥《いしわかまさや》 作曲

●発行所＝カワイ出版（株式会社 全音楽譜出版社 カワイ出版部）
〒161-0034 東京都新宿区上落合 2-13-3　TEL 03-3227-6286 ／ FAX 03-3227-6296
出版情報 **http://editionkawai.jp**

●楽譜浄書＝NHKビジネスクリエイト　●印刷・製本＝平河工業社

ISBN978-4-7609-1276-6

2009年10月1日　第 1 刷発行
2019年 7 月 1 日　第 22 刷発行